ADAC

AF641606

Nordseeküste

Schleswig-Holstein mit Inseln

von Andrea Lammert und Randolf Leyk

10 **ADAC Top Tipps**

Das müssen Sie gesehen haben! Die zehn Top Tipps bringen Sie zu den absoluten Highlights.

25 **ADAC Empfehlungen**

Unterwegs gut beraten: Diese 25 ausgesuchten Empfehlungen machen Ihren Urlaub perfekt.

Preise für ein DZ mit Frühstück:
€ | bis 80 €
€€ | bis 150 €
€€€ | ab 150 €

Preise für ein Hauptgericht:
€ | bis 10 €
€€ | bis 15 €
€€€ | ab 15 €

Intro

ADAC Quickfinder

Hier finden Sie die Orte, Sehenswürdigkeiten und Attraktionen, die perfekt zu Ihnen passen.

Unterwegs

16

39

Service

Alle wichtigen reisepraktischen Informationen – von der Anreise über Notrufnummern bis hin zu den Zollbestimmungen.

Umschlag:

ADAC Top Tipps: Vordere Umschlagklappe, innen 1
ADAC Empfehlungen: Hintere Umschlagklappe, innen 2

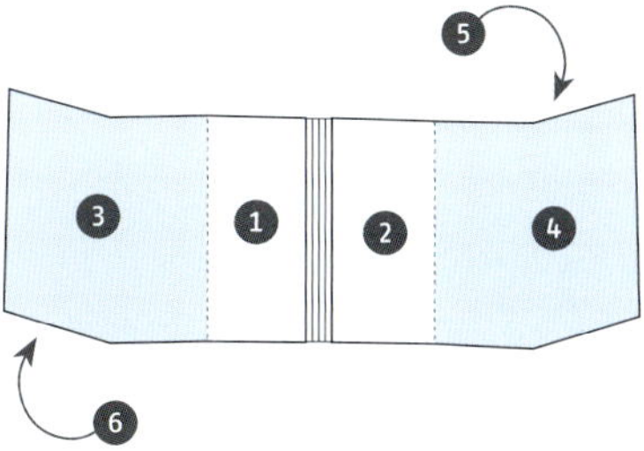

Übersichtskarte Nordseeküste Süd: Vordere Umschlagklappe, innen 3
Übersichtskarte Nordseeküste Nord: Hintere Umschlagklappe, innen 4

Stadtplan Husum: Hintere Umschlagklappe, außen 5
Drei Tage an der Nordsee: Vordere Umschlagklappe, außen 6

Immer ein Hauch von Salz, Weite und Freiheit

Raue Winde, plattes Land und schier endlose Sandstrände – die Nordseeküste Schleswig-Holsteins hat viele Gesichter

Beeindruckendes Naturschauspiel: der Kniepsand von Amrum bei Süddorf

Wer es einmal gesehen hat, vergisst dieses Schauspiel nie wieder. Glichen die weißen Wölkchen eben noch Schäfchen, so zart und weiß, türmen sie sich Momente später zu einer dramatisch dunklen Wand auf. Sogar Farben lassen sich darin erkennen: Lila, Dunkelblau, ein Hauch von Grün oder Indigo zeigen sich in der Wolkenwand. Schnell kämpfen sich die Sonnenstrahlen hervor, beleuchten Wiesen und Bäche mit intensivem Licht. Das hat Emil Nolde hundertfach in seinen Aquarellen festgehalten, Theodor Storm wusste es mit Worten zu beschreiben. Nordseemomente mit dunklen Wolken und heller Sonne sind ein faszinierendes Himmelsspiel und seit jeher eine Inspirationsquelle für Dichter und Maler.

Die Landschaft platt wie eine Flunder, raue Winde und ein Meer, das einen Teil des Tages verschwindet. Auf den ersten Blick kann ein Urlaub an der Nordseeküste kaum konkurrieren mit Ferien an Mittelmeer oder Adria ...

Liebe auf den zweiten Blick

Viele Nordseereisende werden gefragt: Was hat sie eigentlich so Besonderes, diese kühle, herbe Landschaft

im Norden Deutschlands? Möglicherweise ist es keine Landschaft für die Liebe auf den ersten Blick. Aber von Hals-über-Kopf-Entscheidungen sind die Nordlichter sowieso nicht angetan, sie nehmen sich lieber Zeit für Entscheidungen. Auch die norddeutsche Gastfreundschaft ist oftmals im ersten Moment nicht so offensichtlich. Doch wer mit den Norddeutschen ins Gespräch kommt, weiß ihren Witz, den trockenen Humor und ihre Gradlinigkeit ebenso zu schätzen wie die Herzlichkeit auf den zweiten Blick.

Und dann ist da doch diese grandiose Natur! Das von der UNESCO als Weltnaturerbe gelistete Wattenmeer ist sogar ein wahres Naturwunder. Deutlich wird das, wenn der Wattführer aus dem grauen Schlick lauter Leben herausholt: Würmer, Muscheln, Krebse – erstaunlich viele Tiere wohnen in diesem trist wirkenden Boden.

An der Nordsee sonnt man sich an den Wiesen hinter dem Deich, die gleich ins Meer übergehen. Hier ist es normal,

St. Severin in Keitum auf der Insel Sylt (unten), das blaue Band des Nord-Ostsee-Kanals bei Brunsbüttel (ganz unten)

»Klein-Holland« in Friedrichstadt (oben), Radfahrer bei Kampen auf der Insel Sylt (links), eine Kegelrobbe in der Seehundstation Friedrichskoog (unten)

auf den Tidenkalender zu schauen, wenn man baden will, weil der Wasserstand alle sechs Stunden von Hochwasser auf Niedrigwasser wechselt: Ebbe und Flut, der ewige Rhythmus, der an der Küste alles bestimmt mit seiner uralten Kraft. Bei Ebbe läuft der Binnenhafen in Husum leer, die Schiffe kippen aufs Trockene. Bei auflaufendem Wasser kann es sein, dass beim Strandparken in St. Peter-Ording die Reifen des Autos plötzlich in einer riesigen Pfütze stehen, wo vor einigen Stunden noch harter Sandboden war.

Neues Traumziel – gegen den Wind

St. Peter-Ording ist wohl einer der schönsten Orte an der Nordseeküste. Sand, soweit das Auge reicht, kleine Pfützen, in denen sich die Wolken spiegeln, und Autos direkt am Meer. Surfer machen sich startklar für das Spiel mit dem Wind, junge Pärchen klappen den Campingtisch aus. Eine Stimmung, wie

sie in der Fernsehserie »Gegen den Wind« dargestellt wird.
Hatte St. Peter-Ording noch vor einigen Jahren den Ruf, ein etwas altmodischer Kurort für ältere Menschen zu sein, so hat der Ort wie kaum ein anderer an der Nordsee den Imagewandel geschafft – auch als neues Traumziel vieler Hamburger, die in einer guten Stunde Autofahrt dort sind.

Leuchttürme, Schafe und Kohl

Gleich in Sichtweite von St. Peter-Ording steht der rot-weiße Leuchtturm Westerhever mit seinen beiden Wärterhäusern. Der Spaziergang zu den vorgelagerten Salzwiesen gehört zu den schönsten in der Gegend. Nicht nur hier wird man begleitet von den gelassenen Schafen, die gemütlich kauend am Wegesrand stehen. Schafe sind Frieslands wichtigstes Nutztier, denn sie liefern nicht nur Fleisch und Milch, sondern pflegen zugleich die Deiche, indem sie sie festtreten und das Gras kurzhalten. So ist es auch kein Wunder, dass auf vielen Speisekarten entlang der Küste Schafspezialitäten zu finden sind. Genauso wie Kohl, schließlich ist Dithmarschen das größte Kohlanbaugebiet Europas. Ob Wirsing, Rosenkohl oder klassisch als Sauerkraut eingelegt – vor allem im Herbst und Winter hat das Gemüse hier Hochsaison.

> *»Ich bin wie eine Fahne von Fernen umgeben. Ich ahne die Winde, die kommen, und muss sie leben.«*
>
> *Rainer Maria Rilke, deutscher Schriftsteller (1875–1926)*

Und das ist noch längst nicht alles, was die Nordsee an Spezialitäten zu bieten hat: Matjes aus Glücksburg und feine Krabben aus Büsum sind ebenso

Buntes Wahrzeichen der Insel Helgoland: die Hummerbuden am Binnenhafen

typisch wie frische Austern von List aus Sylt. Überhaupt: Sylt. Eine Genussinsel, nicht nur wegen der vielen Dünen und Sandstrände, sondern vor allem wegen ihrer Kulinarik. Und wegen der erstaunlichen Erfolgsgeschichte der Sansibar von der einfachen Strandhütte zum Kulttreffpunkt der Nation.

Auch Sylts Schwestern wie Amrum und Föhr können sich sehen lassen. Mit ihren Stränden, den schönen Dörfern und kulturellen Leckerbissen sind sie wahre Trauminseln.

Einzigartige Halligen und kreative Städtchen

Weltweit einmalig aber sind die Halligen. Nirgendwo sonst gibt es dieses Phänomen, dass regelmäßiges »Land unter« zum Alltag gehört. Ob auf Hooge oder Nordstrandischmoor – wer an der Nordsee ist, sollte sich mindestens einen Tag auf einer Hallig gönnen, um diese einzigartig ruhige Atmosphäre zu genießen, ganz nach dem friesischen Lebensmotto: rüm hart – klaar kiming (weites Herz – klarer Horizont).

Auch die Städte sind eigene Entdeckungen wert. Husums Hafenseite zeigt sich bunt und fröhlich. Selbst im Winter greift die Stadt in die Farbpalette, wenn das größte Krokusvorkommen Europas seine Blütenpracht öffnet. Ob das kleine Kino mit der Bedienung am Tisch oder die inhabergeführten Geschäfte, die sich erfrischend anders von den großen Ketten abheben – Husum lohnt einen Ausflug ebenso wie Friedrichstadt, das mit seinen Grachten und den schmalen, kleinen Häusern wohl einzigartig ist in Deutschland. Ein Facelifting braucht es hier nicht, denn die ganze Stadt strahlt eine Puppenhausatmosphäre wie vor 300 Jahren aus. Anders verhält es sich

Wattwandern an der Nordsee (bei Föhr), wo sich Ebbe und Flut alle 6 Std. abwechseln

dagegen mit Büsum, der Krabbenstadt, der – noch – der Ruf einer überalterten Kurstadt anhaftet. Allerdings erfindet sich Büsum gerade neu, vor allem mit einem riesigen Hotelkomplex direkt am Hafen.

Wasserwege, wie ein blaues Band

Während die meisten nördlichen Nordseeregionen Schleswig-Holsteins mit Watt und Meer locken, liegt der Charme der südlichen Nordseeküste in den Wasserwegen. Gestochen gerade zieht sich der Nord-Ostsee-Kanal wie ein blaues Band durch Dithmarschen, und an mancher Stelle scheint es, als schipperten riesige Schiffe über grüne Wiesen. Wenn sie dann noch hupen, ist sie wieder da, diese Sehnsucht nach der Ferne – nach einem Hauch von Salz, Weite und Freiheit ...

Größte Stadt *Husum (ca. 23 100 Einw.)*

Fläche *Rund 15 800 km² (Schleswig-Holstein)*

Einwohner *Ca. 2,89 Mio. (Schleswig-Holstein)*

Tourismus *Rund 1,8 Mio. Gäste, = 12 Mio. Übernachtungen*

Religion *Überwiegend evangelisch*

Höchste Erhebung *78 m (Geesthügel der Gemeinde Schrum)*

Tidenhub *Bis zu 3,20 m*

Länge der Deiche *430 km*

Küstenlinie *Etwa 550 km, davon 300 km Festland, 190 km Inselküste und 60 km Halligküste*

Exportschlager *Regenerative Energie aus Wind, Biogas und Sonne*

Darauf sind die Friesen und Dithmarscher besonders stolz: *Auf ihr Watt – UNESCO-Welterbe und weltweit einzigartig*

Wichtigstes Wort: *Moin (Hallo – es wird zu jeder Tageszeit gesagt. »Moin moin« sagen nur Touristen)*

Größter Besuchermagnet: *Das jährlich Anfang August stattfindende Heavy-Metal-Festival Wacken*

Das gibt es nur hier: *Die Halligen*

Darin sind die Bewohner Weltmeister: *Landgewinnung*

Das will ich erleben

Die Region erscheint auf den ersten Blick platt und dünn besiedelt. Doch hinter den Deichen und Kögen an der Nordseeküste von Schleswig-Holstein verbirgt sich manch Unerwartetes: Die Palette reicht von großer Kultur über quirlige Markplätze bis hin zu schier endlosen Sandstränden. Für diese Vielfalt der Angebote reicht ein Urlaub meistens gar nicht aus, und so ist es kein Wunder, dass Nordseegäste gerne wiederkommen und sich dann auch mehr Zeit nehmen für die Attraktionen jenseits der Strände und Inseln, durch die hübschen Städte bummeln oder große Kunstwerke anschauen.

Kultur mit Nordseebrise

Die Nordseeküste war immer schon eine wichtige Inspirationsquelle für bedeutende Maler und Dichter wie den Expressionisten Emil Nolde und Theodor Storm, den Verfasser der auch mehrfach erfolgreich verfilmten Novelle »Der Schimmelreiter«. Auf den Spuren der berühmten Bewohner zu wandeln, lohnt sich. Aber auch Zeitgenössisches kommt in dieser Region nicht zu kurz.

22 Theodor-Storm-Haus, Husum 65
Auf den Spuren von Schimmelreiter & Co.

34 Nolde Stiftung, Seebüll 95
Stimmungsvolle Aquarelle

41 Meerkabarett, Rantum 120
Garantiert hochkarätig: Comedy, Konzert, Krimilesung

Naturschätze zwischen Deich und Düne

Wo sich Sanddünen fast wie Berge auftürmen und der Blick auf eine wüstenähnliche Kulisse fällt, ist man der Natur am nächsten. Das Meer ist natürlich wunderbar, aber hier gibt's noch viel mehr: Mit Binnenseen an den Kögen, kleinen Kanälen und Entwässerungsgräben, Binnendünen und sogar Moor ist diese Region landschaftlich sehr abwechslungsreich.

19 NaTourCentrum, Lunden 58
Ein Ausflug ins mystische Moor

26 Beltringharder Koog 76
Paradies für Vogelkundler

40 Sylter Ellenbogen, List 114
Eine wahrhaft filmreife Landschaft

Ungewöhnliche Einkaufsmöglichkeiten

Friesisches Handwerk reicht von der Ginherstellung über Schafwollprodukte bis zu selbstgezogenen Kerzen und gewebten Decken. Ob auf der Insel oder dem Festland – überall lässt sich hier liebevoll Hergestelltes aus der Nordseeregion finden.

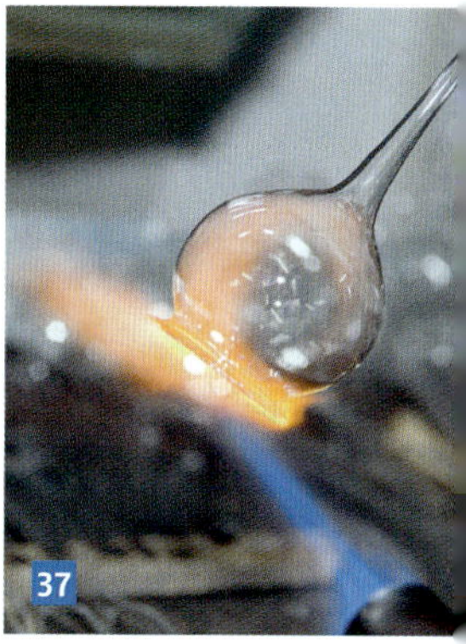
37

Kulinarische Genüsse

Das Essen an der Nordseeküste wird bestimmt von den typisch nordischen Spezialitäten: Fisch und Kartoffeln gehören hier einfach auf jede Speisekarte, das Gleiche gilt für die verschiedensten Kohlgerichte. Es gibt aber auch Orte, in denen sollte man sich die ganz besonderen regionalen Spezialitäten einfach nicht entgehen lassen.

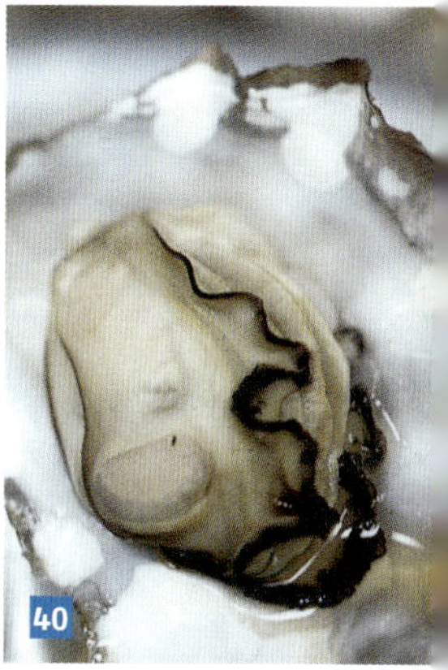
40

Gute Laune (auch) bei Schietwetter

Nicht immer scheint an der schleswig-holsteinischen-Nordseeküste die Sonne – das Klima wird ebenso von überraschenden Regenschauern geprägt, die manchmal auch länger anhalten können. Zum Glück gibt es selbst bei schlechtem Wetter einige gute Alternativen, die den Aufenthalt niemals langweilig werden lassen.

18

Spiel, Spaß und Abenteuer

Mit den Kindern am Grünstrand liegen oder stundenlang durchs Watt laufen, um den Würmern beim Graben zuzuhören – das sind so die Standardaktivitäten an der schleswig-holsteinischen Nordsee. Darüber hinaus gibt es aber auch noch einige andere Erlebnisse für die ganze Familie.

Romantische Hofcafés

Was den Bayern die Biergärten, sind den Nordlichtern die kleinen Hofcafés: Geschützt hinter Buchenhecken hinter dem Deich sitzen und einen Friesentee trinken oder auf der Halligwarft den »Pharisäer«, während der Sturm draußen tobt – romantische Refugien an der Küste.

Die schönsten Strände

Die Nordseeküste ist geprägt von Grünstränden. Wer es einmal erlebt hat, weiß es zu schätzen, sich auf dem Rasen zu sonnen statt im krümeligen Sand. Aber es gibt auch wunderbare Sandstrände, vor allem auf den Inseln.

Die interessantesten Häfen

Bunte Krabbenkutter sorgen für Sehnsuchtsmomente, ebenso wie alte Holzschiffe eine romantische Atmosphäre ausstrahlen. Es gibt viele kleine Fährhäfen zu den Halligen und Inseln mitten im Nichts, doch am schönsten sind die Häfen in den Nordsee-Städten.

22

Die schönsten Ausflüge auf dem Wasser

Wer an der Nordsee ist, sollte mindestens einmal rauf aufs Wasser – mit dem Kanu auf der Eider, mit dem Boot durch die Grachten der Holländersiedlung Friedrichstadt und mit dem Schiff hinaus auf die (Nord-)See, zu den Seehunden zum Beispiel (mit Seetierfang) oder auch mal eben mit der Fähre hinüber nach Dänemark ...

20

Die schönsten Wanderungen

Nirgendwo sonst auf der Welt spielen Ebbe und Flut ein so beeindruckendes Spiel wie hier: Eine Wanderung auf dem Meeresboden gehört unbedingt zum Nordsee-Urlaub dazu. Und wie wär's mit Whale Watching per pedes?

25

Unterwegs

Ein weiter Blick über die schier endlose Ebene, ein paar vereinzelte Häuser, und über allem das blau sich wölbende Himmelszelt: So schön wie hier auf der Hallig Langeneß ist es an der Nordseeküste.

Im Süden: Dithmarschen und Umgebung

Die südlichste Region der schleswig-holsteinischen Nordsee bietet viele Erlebnisse auf dem Wasser, beschauliches Dorfleben und schöne Häfen

Kohl, Watt und große Schiffe, Wattolümpiade und Heavy-Metal-Festival Wacken – all das ist Dithmarschen und noch viel mehr: das Staunen darüber, dass die Straße plötzlich auf der Fähre weiterführt und das Übersetzen kostenlos ist, Störche auf den Dächern, Reiher auf den Feldern, Bauernhofcafés, herrliche Radwege am Wasser, viel Wind und viel Kohl (die Region ist das größte Kohlanbaugebiet Europas), zudem ein Stück Elbe, die hier schon so breit ist, dass man das andere Ufer kaum mehr sieht. Das Land ist platt, weit und bisweilen tiefer als der Meeresspiegel. In Neuendorf-Sachsenbande ist Deutschlands tiefste begehbare natürliche Senke (3,54 m unter NN) gelegen, und manche Orte wurden dem Meer mühsam durch Eindeichungen (Koog) und Landgewinnung abgetrotzt. Dennoch lohnt es sich, genauer hinzusehen: Es gibt viel zu entdecken zwischen Eider und Elbe.

In diesem Kapitel:

ADAC Top Tipps:

1 **Nord-Ostsee-Kanal**
| Kanal |

Radfahren am Nord-Ostsee-Kanal ist ein besonderes Erlebnis: Der Weg ist platt, und man fährt stets am Wasser entlang, manchmal sogar fast auf Augenhöhe mit einem Kapitän. 22

2 **Innenstadt Meldorf**
| Stadtzentrum |

Kleines, ursprünglich auf einer ins Wattenmeer hineinreichenden Geestinsel gelegenes, durch die Landgewinnung nun 6 km von der Küstenlinie entferntes, Städtchen mit hübschen Fachwerkhäusern und dem einzigen Dom der Gegend. 29

ADAC Empfehlungen:

Bunte Häuserzeile am Binnenhafen von Glückstadt

1 Glückstadt

Hübsche Altstadt, kleiner Binnenhafen, Elbfähre und frischer Matjes

Information

■ Glückstadt Tourismus, Große Nübelstr. 31, 25348 Glückstadt, Tel. 04124/937585, www.glueckstadt-tourismus.de

Wie ein Spinnennetz sieht der Stadtplan der Altstadt von Glückstadt aus. Angelegt wurde er 1617: Damals ließ der dänische König Christian IV. die Stadt als Gegenpol zu Hamburg gründen. So ganz ist sie das nicht geworden, dafür hat sie einen ganz eigenen Charme. Das liegt zum einen an den vielen Renaissance- und Barockbauten in der Innenstadt, zum anderen an der Elbfähre, die Leben und Besucher in die Stadt bringt. Der romantische Binnenhafen bietet einen schönen Kontrast zum Außenhafen. Der Stadt vorgelagert ist die Insel Rhinplatte – ein wichtiges Biotop, das nicht betreten werden darf. Dort brüten unter anderem Seeadler.

Sehenswert

Altstadt

| Stadtbild |

Die Glückstädter Altstadt ist geprägt von hübschen Renaissance- und Barockgebäuden. Zu den wichtigsten Bauwerken dort gehören das Wasmer-Palais (Am Markt 4), das Palais für aktuelle Kunst (Am Hafen 46) sowie das Brockdorff-Palais (Am Fleth 43). Sehenswert ist auch die Stadtkirche (Am Markt) aus dem Jahre 1621 – vor allem der 53 m hohe Turm, an dem die leichtbekleidete heidnische Glücksgöttin Fortuna als Statue über die Geschicke der Stadt wacht. Das Rathaus (Am Markt 4) wurde 1642 im Stil der nordischen Renaissance errichtet, der heutige Bau ist eine Nachbildung.

Binnenhafen

| Hafen |

Der Salzspeicher von 1827 mit seinem hellen Backstein ist der prägende Bau des Binnenhafens – einer der schönsten seiner Art in Norddeutschland. Die Fronten der einstigen Adelshäuser aus der Zeit des Dänenkönigs (und Herzogs von Schleswig und Holstein) Christian IV. spiegeln sich im Wasser. Für Segler ist der Hafen ein beliebter Anlaufpunkt. Ein Sperrwerk trennt den Binnen- vom Außenhafen.

■ Am Hafen 54

Detlefsen-Museum

| Museum |

Nicht nur Kanonen, Rüstungen und Uniformen zeigt dieses Museum, sondern auch Harpunen und andere Fanggeräte der Fischer, die einst zum Walfang nach Grönland zogen. Das Museum gibt Einblick in das Leben von vor 200 Jahren. Eine originale Bauernstube aus der Zeit ist dort ebenso zu sehen wie eine historische Apotheke.

■ Am Fleth 43, Tel. 04124/930520, www.detlefsen-museum.de, Di–So 14–17 Uhr, im Winter kürzer, 4 €, erm. 2,50 €, Kinder unter 14 J. frei

Palais für aktuelle Kunst

| Museum |

Im wohl schönsten Haus der Hafenstadt befindet sich ein Museum für Gegenwartskunst. Vor allem Werke norddeutscher Künstler sind dort zu sehen: Zeichnungen, Malerei, Fotografie und Medienkunst. Jenseits ihrer Werke lohnt aber auch ein Blick in die alten Räume des Museums mit den Wandmalereien und Kachelöfen.

■ Am Hafen 46, Tel. 04124/604776, www.pak-glueckstadt.de, Fr–So 13–17 Uhr, Eintritt frei

Verkehrsmittel

Die Elbfähre Glückstadt Wischhafen zwischen Niedersachsen und Schleswig-Holstein verkehrt in Spitzenzeiten im 20-Min.-Takt, die Überfahrt dauert 25 Min. In den Ferien kann es an den Wochenenden lange Wartezeiten geben – da fährt man besser antizyklisch.

■ Am Fleth 49, Tel. 04124/2430, www.elbfaehre.de, Erw. 2 €, Pkw ab 5 €, Fahrrad 1,50 €

Parken

Generell ist das Parken in der gesamten Region fast überall problemlos und meistens kostenfrei möglich. In Glückstadt ist das Parken nur in der Innenstadt in den Straßen Am Fleth und Am Markt kostenpflichtig, überall sonst kann man das Fahrzeug mit Parkscheibe 2 Std. lang gratis abstellen.

ADAC Spartipp

Die **Fähren** über den Nord-Ostsee-Kanal setzen regelmäßig kostenlos von einem Kanalufer zum anderen über. Sie kreuzen vor den großen Schiffen, die warten müssen, weil Fähren immer Vorfahrt haben. Ein Erlebnis, auch für Familien. Dass die Fähren kostenlos sind, geht übrigens auf einen Erlass von Kaiser Wilhelm zurück, der den Kanal bauen ließ und damit garantieren wollte, dass die Familien sich dennoch besuchen konnten.

Restaurants

€ | **Nettchen** Hier am Hafen treffen sich die Glückstädter morgens zum

ADAC Mittendrin

Handgemachtes wie Pesto, gerösteter Kaffee, aber auch Töpferwaren, gewebte Teppiche und Decken sind manchmal wie kleine Schätze. Wenn man beim Stöbern auch noch eine gute Tasse Kaffee trinken kann, wird der Einkauf zum Erlebnis: **Glückwerk** ist ein Projekt der Werkstätten für Menschen mit Handicap und bietet neben einer feinen Suppenküche auch eine Fahrradwerkstatt an. Ein echter Glücksgriff eben.
Große Kremper Str. 1–3, 25348 Glückstadt, Tel. 041 24/60 39 00, www.glueckwerk.de, Mo–Fr 8–18, Sa 9–13 Uhr

ersten Plausch oder um mal schnell einen guten Kaffee zu trinken. Tagsüber gibt es Matjes und eigens angefertigte Nettchen-Bratwurst. ■ Am Hafen 1A, Tel. 041 24/589 87 82, Di–Fr 12–23, Sa, So 10–23 Uhr

€ | **Logger Kombüse** Einfache, regionale Küche ohne Schnörkel und dennoch raffiniert zubereitet, das bietet dieses gemütliche Restaurant. Vor allem die Matjesgerichte sind empfehlenswert. ■ Am Markt 14, Tel. 041 24/980 64 04, www.logger-kombuese.de, Di–So 11.30–21 Uhr

€€ | **Stilbruch** Die Karte dieses direkt am Marktplatz gelegenen Restaurants folgt dem Motto »weniger ist mehr« und präsentiert ausgesuchte Gerichte. Besondere Leckerbissen sind die Burger, die man sich selbst zusammenstellen und bei der Zubereitung zuschauen kann. ■ Große Kremper Str. 18, Tel. 041 24/608 23 00, www.stilbruch-glueckstadt.de, Mo, Di, Do–So 11–21.30 Uhr

Einkaufen

Gefangen wird der Matjeshering schon lange nicht mehr in den Gewässern vor der Stadt. Und doch wäre Glückstadt ohne Matjes wohl kaum vorstellbar. So wird der Fisch dort auch noch bis heute verarbeitet und zu dem Original gemacht, das seit mehr als 130 Jahren auf die Teller kommt.
In den beiden Betrieben Plotz Spezialitäten und Matjes Raumann reift der köstlich-lecker schmeckende Hering in Fässern mit dem typischen Salzlakenaroma heran.

Plotz Spezialitäten ■ Schmiedestr. 3, Tel. 041 24/93 27 87, www.sh-feinkost.de, Mo–Sa 9–16 Uhr, im Winter nur Mo–Fr

Matjes Raumann ■ Schmiedestr. 2a, Tel. 041 24/603 87 31, www.matjesgenuss.de, Mo–Fr 8–16, im Winter Di–Fr 9–16 Uhr

Kinder

Fischpark Docke Zwischen Hafen und Elbe wartet der Fischpark nicht nur mit Naturlehrpfad und schöner Aussichtsplattform auf, sondern auch mit einem Skaterparcours und einer Übungsfläche für Nachwuchsgrafitti-Künstler. ■ Am Hafen, http://docke.glueckstadt.de, April–Okt. tgl. 10–20 Uhr

Events

Glückstädter Matjeswochen Am 2. Do im Juni läutet die Stadt ihre Matjeswochen ein. Dann wird auf dem Marktplatz das Holzfass geöffnet und der erste Matjes der Saison verkostet. Das ist der gelungene Auftakt für ein Festwochenende mit Plattschaufelrennen und Schlauchbootregatten. Schwimmende Bühnen sind auch dabei – und jede Menge Spaß für Kinder.

Erlebnisse

Rigmor von Glückstadt Das älteste fahrtüchtige Segelschiff Deutschlands liegt im Hafen von Glückstadt: Die Rigmor wurde dort 1853 als Kutter und Zollschiff gebaut und hisst noch immer ihre Segel, zumindest in der Sommersaison. Nach Schmugglern & Co. muss die Besatzung nicht mehr Ausschau halten – als segelndes Denkmal nimmt das Schiff heute Besucher mit und kreuzt vor den Gewässern der Stadt. ■ Fahrten sind (im Voraus) buchbar über den Förderverein, Tel. 04124/890546, www.rigmor.de, ab 27 €, erm. 13 €

In der Umgebung

Strand von Bielenberg

| Strand |

Etwa 6 km südlich von Glückstadt liegt in Bielenberg einer der schönsten Elbstrände der Umgebung. Hier trifft man sich zum Baden, zu langen Spaziergängen am Elbufer oder einfach nur zum Füße-in-den-Sand-halten und Schiffe Gucken. Strandbistros und Cafés verlocken zu gemütlichen Pausen.

2 Brunsbüttel

Hafenstadt an der Elbmündung, Kanal, Schleusenmeile mit dicken Pötten

Information

■ Tourismusinformation, Gustav-Meyer-Platz 2, 25541 Brunsbüttel, Tel. 04852/391186, www.brunsbuettel.de

Wie eine blaue Sichel schlägt die Elbe noch mal einen letzten Bogen, bevor sie in die Nordsee mündet. Dort, wo das Wasser nicht mehr Fluss ist und noch nicht ganz Meer, liegt Brunsbüttel. Schon immer hat die Seefahrt die 12000-Einwohner-Stadt beeinflusst, ihr Hafen gilt als einer der bedeutendsten der Region. Wahrzeichen der Stadt ist die Schleusenmeile. Aber auch die Altstadt mit dem Matthias-Boie-Haus,

Bis heute wird der Matjeshering in Glückstadt verarbeitet

einem der Fachwerkhäuser des Landkreises, lohnt einen Bummel. Besucher, die aus Richtung Hamburg mit dem Auto kommen, werden die Fahrt über die Hochbrücke im Gedächtnis behalten – noch ein Wahrzeichen der Stadt.

Sehenswert

Nord-Ostsee-Kanal

| Kanal |

1 *Die am meisten befahrene künstliche Wasserstraße der Welt*

In Brunsbüttel endet der Nord-Ostsee-Kanal, der den Schiffen die große Umrundung Dänemarks erspart. Befahren können ihn Schiffe von maximal 235 m Länge und einer Tauchtiefe von bis zu 9,50 m. Zum Vergleich: Der Panamakanal ist für Schiffe von bis zu 366 m Länge und 15 m Tiefgang passierbar, für den Suezkanal (in dem es keine Schleusen gibt) gilt nur eine Beschränkung des maximalen Tiefgangs von gut 20 m. Besonders schön ist es, mit dem Fahrrad am Kanal entlangzufahren: Der Radweg ist flach und sehr gut ausgebaut, sogar Automaten für Fahrradzubehör gibt es an der Strecke.

■ www.nok-sh.de

Schleusenmeile Brunsbüttel

| Promenade |

Wann kommt wohl das nächste große Schiff? Große Pötte gucken ist in Brunsbüttel Volkssport und verdreht

Wie ein blaues Band zieht sich der Nord-Ostsee-Kanal durchs Land

jedem Besucher im Wortsinn den Kopf. Damit sie wissen, wann welche Schiffe vorbeituckern, hat die Stadt einen Schleusenradar, einen Bildschirm, an der Schleuse aufgestellt. Immerhin 100 pro Tag sollen es sein. Es ist beeindruckend, wenn die dicken Pötte, vollbeladen mit Containern voller Bananen, Schuhen oder Computern, in der Schleuse stoppen. Die Schleuse aber ist nicht die einzige Sehenswürdigkeit in diesem Viertel. Das Informationszentrum klärt über die Funktionsweise der Schleuse auf und zeigt viele Modelle historischer Schiffe. Das Kanalmuseum Atrium (März–Nov. tgl. 10.30–17 Uhr) bietet von den Aussichtsplattformen einen guten Blick

ADAC Wussten Sie schon?

Der **Nord-Ostsee-Kanal** ist die am meisten befahrene künstliche Wasserstraße der Welt – jedenfalls, wenn man die Anzahl der Schiffspassagen zugrunde legt: Rund 29 300 Schiffe (ohne Sportboote) werden nach Angaben der Wasserstraßen- und Schifffahrtsverwaltung des Bundes in einem Jahr im Nord-Ostsee-Kanal registriert – fast genauso viele wie im Suezkanal (rund 16 800) und im Panamakanal (rund 13 100) zusammen. Legt man jedoch die Tonnage zugrunde, so führt der Suezkanal mit knapp 823 Mio. t vor dem Panamakanal mit etwa 327 Mio. t und dem Nord-Ostsee-Kanal mit knapp 84 Mio. t.

auf die Schleusen (Schleusenführungen jeden 1. So im Monat, 11 Uhr).

■ Gustav-Meyer-Platz 2, www.schleuseninfo.de, Führungen um 14 Uhr: März und April, Okt. So und Di, Mai So, Di, Do, Juni–Sept. So, Di–Do

Heimatmuseum

| Museum |

Eine komplette Schulklasseneinrichtung, eine riesige Kaffeeröstmaschine, Emaille-Herde oder das Büro des Schiffsmeldedienstes – Alltagsgegenstände, die die Stadt prägten, präsentiert das Heimatmuseum.

■ Markt 4, Tel. 048 52/7212, www.museum-brunsbuettel.de, in der Saison Di–So 14.30–17.30, Mi 10–12 Uhr, Eintritt frei

Galerie Rusch

| Künstleratelier |

Detailreiche, realistische Malerei, die in ihrer akribischen Zusammenstellung

Auch große Containerschiffe nutzen den Nord-Ostsee-Kanal

der einzelnen Komponenten manchmal etwas skurril anmutet, zeigt der bis über die Grenzen des Landes hinaus bekannte Dithmarscher Künstler Jens Rusch in seiner Galerie.
■ Schulstr. 38, Tel. 048 52/48 48, unterschiedliche Öffnungszeiten

Restaurants

€€ | Alice Heimathafen Moderne Küche in schöner Lage direkt hinter dem Deich bietet dieses Restaurant, dessen Inneres sich modern und freundlich gibt. Zahlreiche vegetarische Gerichte stehen ebenso auf der Karte wie natürlich Scholle oder Krabben. ■ Op'n Diek 5, 25742 Neufeld, Tel. 048 54/217, www.alice-heimathafen.de, Di–So 11.30–21 Uhr

€€ | Picasso Ideenreiche, italienisch angehauchte Küche serviert man in der Koogstraße. Die Bedienung ist sehr freundlich, die Gerichte (darunter auch viele deutsche) werden liebevoll zubereitet. ■ Koogstr. 17, Tel. 048 52/94 09 44, tgl. 17.30–23 Uhr

Cafés

Café Katchen Wie eine Puppenstube wirkt die Reetdachkate. Direkt hinter dem Deich kommen dort süße Sünden wie Mango-Kokosnuss-Torte oder Schokoladen-Heidelbeer-Tarte auf den Tisch. Vegane Alternativen, herrliche Lage. ■ Soesmenhusen 20, Tel. 048 52/836 13 60, www.cafe-katchen.de, tgl. 14–18 Uhr, im Winter kürzer

Einkaufen

Pralinenmanufaktur Wagner Schon seit rund 120 Jahren werden hier süße Leckereien von Hand gefertigt. Ob Sanddorn-Orange-Trüffel, Sauerkirschschokolade oder Mandelnougat – nicht nur die Brunsbütteler lieben dieses höchst exquisite Konfekt. ■ Gutenbergring 3–5, Tel. 048 52/549 00, Online-Versand über www.wagner-pralinen.de

ADAC Mobil

Nicht alle **Navigationsgeräte** »mögen« die vielen Fähren über den Nord-Ostsee-Kanal. Oftmals wählen sie Umwege, um Autofahrern die Fährstrecke zu ersparen. Achten Sie hier öfter mal auf die Schilder, auch wenn das Navi Sie abbiegen lassen will. Es lohnt sich – an den kleinen Fähren gibt es in der Regel kaum Wartezeiten.

Sport, Spiel und Spaß: Wattleten aus aller Welt treffen sich zur Wattolümpiade

Events

1 Die **Wattolümpiade** ist deutschlandweit ganz und gar einzigartig: Alle zwei Jahre (wieder: 2020, 2022) wird der Deich zur stimmungsvollen Arena. Im Watt gibt es höchst kuriose Disziplinen wie zum Beispiel Wattfußball oder Aalstaffellauf, bei denen die Teilnehmer bald völlig mit einer Schlammschicht bedeckt sind. Und die Einnahmen aus den Eintrittsgeldern gehen an die Krebshilfe. ■ www.wattoluempia.de

Sport

Das Freibad Ulitzhörn gehört zu den spektakulärsten der Gegend: Man schwimmt direkt an der Elbe und sieht die großen Schiffe vorbeiziehen. ■ Am Freizeitbad, Tel. 048 52/94 04 50, www.freizeitbad-brunsbuettel.de, Mo 13–20, Di–So 9–20 Uhr, 4 €, erm. 1,50 €

3 Marne

Windenergie und flaches Land im Zentrum der Dithmarscher Südermarsch

Information

■ Touristik Marne-Marschenland e. V., Deichstr. 2, 25709 Marne, Tel. 048 51/ 95 76 86, www.marne-ferien.de

Das Land ist platt, die Sicht weit und der Wind meist stark. Wind ist ein wichtiger Wirtschaftsfaktor in Marne und Kaiser-Wilhelm-Koog geworden, dort stehen ein riesiger Windenergiepark und das größte Windtestfeld der Welt. In Marne bestimmen Rathaus und Maria-Magdalenenkirche das Stadtbild. Es gibt auch ein kleines Heimatmuseum. In der Umgebung gibt es knapp 10 km nordwestl. von Marne in St. Michaelisdonn eine Holländermühle und ein Freimaurer-Museum.

ADAC Mobil

Zwischen Marne und St. Michaelisdonn können Besucher von Mai bis Oktober auf die **Draisine** umsteigen und die etwa 7 km lange Strecke per Muskelkraft und Pedalantrieb überwinden. Wer sich auf die Draisine wagt, muss auch Ampeln und Schranken bedienen.
www.marschenbahn-draisine.de

Events

Karneval in Marne Die Nordlichter sind ja nicht gerade dafür bekannt, dass sie gern Karneval feiern. Aber gilt das für alle Menschen im Norden? Nein. Ein von unbeugsamen Nordlichtern bevölkertes Dorf hält die Tradition des Karnevals auch im Norden munter aufrecht: Mit rund 50 Wagen und etwa 15 000 Zuschauern feiert Marne seinen ganz eigenen Rosenmontagsumzug.

Erlebnisse

Dithmarscher Brauerei Weiches Geestwasser und edler Aromahopfen verleihen dem mild-würzigen Dithmarscher Pilsener seinen unverwechselbaren Charakter. Die Privatbrauerei, die das süffige Bier mit dem Bügelverschluss herstellt, bietet auch Führungen durch die Produktion an, in der es nicht nur die Braukunst und die Flaschenabfüllung mithilfe von Robotern zu bestaunen gilt, sondern auch das Bier verkostet werden kann. ■ Oesterstr. 18, Tel. 048 51/96 20, www.dithmarscher.de (mit Online-Shop); Führungen nur nach vorheriger Anmeldung und Terminvereinbarung, tel. oder online

Strohgedeckte Windmühle »Edda« bei St. Michaelisdonn in der Umgebung von Marne

4 Friedrichskoog

Grünes Deichland, großes Nordseebad und eine Seehundstation

Information

■ Tourismus-Service Friedrichskoog, Koogstr. 141, 25718 Friedrichskoog, Tel. 0800/202 00 60 (kostenlos aus dem dt. Festnetz), www.friedrichskoog.de

Kohl- und Rapsfelder soweit das Auge reicht umgeben Friedrichskoog – ein kleiner Ort, der sich in zwei Orte teilt: Friedrichskoog und Friedrichskoog-Spitze. Eingebettet in das größte Kohlanbaugebiet Europas, dessen Acker die Menschen mühsam dem Meer abgerungen haben, befindet sich eines der größten Nordseebäder Schleswig-Holsteins. Markant ragt der 2200 m lange Trischendamm ins Watt. Er dient noch heute der Landgewinnung und eignet sich ideal für Spaziergänge weit hinaus ins Meer. In Sichtweite liegen die unbewohnte Vogelschutzinsel Trischen sowie die größte deutsche Ölplattform Mittelplate. Ein echter Hingucker ist in Friedrichskoog-Spitze das markante Stahlgerüst des modernen Turms, auf dem die Strandaufsicht über das Geschehen wacht.

Ganz schön massig: eine Kegelrobbe in der Seehundstation Friedrichskoog

Sehenswert

Seehundstation Friedrichskoog

| Tiergehege |

Zwei Robbenarten gibt es an den deutschen Küsten: die kleinen, schlanken Seehunde *(Phoca vitulina)* mit ihrem rundlichen und die massigeren Kegelrobben *(Halichoerus grypus)* mit ihrem eher spitz zulaufenden Kopf. Im Meer lassen sich die Flossenfüßer nicht immer beobachten, in Friedrichskoog aber haben sie jeden Tag Saison: Die Seehundstation erforscht nicht nur das Leben der Kegelrobben und Seehunde, sondern nimmt auch notleidende und verwaiste Jungtiere auf. In 17 m Höhe lockt eine kleine Aussichtsplattform auf dem Aussichtsturm Trischenbake, das Wahrzeichen der Seehundstation, um den schönen Rundumblick auf die Region und das Wattenmeer zu genießen.

■ An der Seeschleuse 4, Tel. 048 54/13 72, www.seehundstation-friedrichskoog.de, tgl. 10–18, im Winter bis 16 Uhr, 7 €, erm. 5 €

Schutzstation Wattenmeer

| Ausstellung |

Informationen zum Naturraum Wattenmeer sowie Wattwanderungen oder ornithologische Ausflüge bietet die Schutzstation an.

■ Südseite Hafen, Tel. 048 54/298, www.schutzstation-wattenmeer.de

Restaurants

€ | Deichrestaurant und Café »Zur Spitze« Kleines Restaurant mit preiswerter Karte, nur wenige Meter vom Strand. Terrasse mit Strandkörben und kleinem Kinderspielbereich. ■ Koogstr. 140, Tel. 04854/1262, www.deichrestaurant-zurspitze.de

€–€€ | Urthel Hier gibt's frischen Fisch mit Nordseegarantie, die Krabben werden vor Ort gepult und mit Bratkartoffeln serviert. Im Sommer wird jeweils am Donnerstag Fisch gegrillt. Zum Restaurant gehört auch ein Fischgeschäft. ■ Hafenstr. 71, Tel. 04854/291, www.urthel.de, tgl. 11–20 Uhr warme Küche

€€ | Seaside 26 Direkt am Deich gelegen, modern eingerichtet. Die Gerichte werden kreativ und leicht zubereitet; auch an Vegetarier hat man gedacht. ■ Buschsand 26, Tel. 04854/904874, www.seaside26.de, Fr–Mi 11–22 Uhr, Do Ruhetag

Cafés

Café Küstenperle Hübsch untergebracht in einer kleinen Reetdachkate befindet sich dieses zeitgemäß ausgestattete Café. Kuchen und Torten sind hausgemacht, oft mit Zutaten aus der Region gebacken. ■ Hafenstr. 112, Tel. 04854/9099330, www.cafe-kuestenperle.de

Kinder

Willi Wal Indoorspielpark In einem der größten Indoorspielparks Schleswig-Holsteins schlagen angesichts des vielfältigen Angebots nicht nur Kinderherzen höher: In der 2500 m² großen Halle gibt es Trampoline, Elektroautos, Riesenrutschen, Speedhockeycourts und viele andere Spielgeräte mehr. ■ Am Hafen 10, Tel. 04854/9098231, www.wal-friedrichskoog.de, Mo–Fr 14–19, Sa, So, Fei 11–19 Uhr, Erw. 6,90 €, Kinder ab 2. J. 8,90 €, Senioren frei

»Meldorfer Dom« wird die St.-Johannis-Kirche in Meldorf auch genannt

Entspannung

Friedrichskoog ist ein Heilbad, aber auch jenseits einer verordneten Kur können Feriengäste im Gesundheits- und Therapiezentrum (GTZ) verschiedenste Anwendungen genießen, in die Sauna gehen und sich rundherum wohlfühlen. ■ GTZ Friedrichskoog, Schulstr.-West 14, Tel. 048 54/900 20, www.gtz-friedrichskoog.de

5 Meldorf

2 *Hübsches Fachwerkstädtchen, viel Kultur, Reet und Windmühlen*

Information

■ Touristinformation Meldorf, Nordermarkt 10, 25704 Meldorf, Tel. 048 32/978 00, www.meldorf-urlaub.de

Einst lag diese Stadt direkt am Meer, doch die Landgewinnung rückte im Lauf der letzten 100 Jahre die Küstenlinie weg. Heute liegt Meldorf mehr als 6 km von der Nordsee entfernt. Die kleine Stadt mit den 7200 Einwohnern gilt als kultureller Mittelpunkt der Region, dort finden viele Konzerte und Kinoabende statt. Der Südermarkt mit seinen hübschen, alten Häusern ist sehenswert, ebenso wie die beiden Windmühlen im Ort. Die kleine Innenstadt hat ihr eigenes Flair und eignet sich sehr gut für Schaufensterbummel. Im rund 7 km nördlich gelegenen Hemmingstedt erinnert das Findlings-Denkmal Dusenddüwelswarf an die Schlacht bei Hemmingstedt (S. 136), bei der die Dithmarscher Bauern im Jahr 1500 die zahlenmäßig überlegenen Dänen besiegten; Reetkaten und eine Windmühle schmücken das Dorf.

Im Blickpunkt

Marschen, Köge, Deiche

Norddeutschlands Nordseeebene ist geprägt von drei Landschaftsformen: **Marsch** bezeichnet das flache Land, das sich auf der Ebene des Meeresspiegels befindet und frei von Erhebungen ist. **Koog** nennt man ein Land, das dem Meer durch Entwässerung künstlich abgerungen wurde und noch bis heute häufig tiefer als der Meeresspiegel liegt. Deswegen ist es komplett von **Deichen** (bzw. Erdwällen) umgeben (eingedeicht) und muss künstlich entwässert werden. Die ältesten Köge stammen aus dem 11. Jh. und befinden sich in Eiderstedt.

Sehenswert

Altes Pastorat

| Architektur |

2 *Alter Fachwerkbau, in dem noch gearbeitet wird wie vor 200 Jahren*

Wer alte Häuser liebt, dem wird zuerst der Schmuckgiebel ins Auge fallen: Das älteste Haus Meldorfs stammt vermutlich aus dem 15. Jh. Was einst als Kloster und Pastorat gedient hat, beherbergt heute einen ganz besonderen Ort: Die Stiftung Mensch hält hier alte Handwerkstechniken aufrecht. Menschen mit Behinderungen weben, zimmern oder töpfern dort schöne Dinge für Haus und Garten. Auch wer nicht einkauft, kann sich in der Museums-Weberei einen Eindruck von der alten Handwerkskunst machen. Ebenfalls sehenswert: das sanierte Fachwerkensemble der Stiftung.

■ Papenstr. 2, Tel. 048 32/15 27, Museumsweberei Mo–Do 8–15.30, Fr 8–12, Sa 10–13 Uhr, Sa nur Werkstattladen

Konikpferde im Naturschutzgebiet Speicherkoog, in der Meldorfer Bucht

Meldorfer Dom

| Kirche |

St.-Johannis-Kirche heißt das Gotteshaus eigentlich richtig, doch für die Meldorfer ist die Kirche aus dem Jahr 1250 einfach »der Dom«. Nicht nur von außen ist sie wegen der Backsteingotik imposant, auch im dreischiffig angelegten Inneren begeistern Fresken und Heiligenbilder Kunstliebhaber.

■ Klosterhof 19, Tel. 048 32/67 40, www.kirche-meldorf.de, Mo–Fr 10–12, 14–16.30, Sa 10–12 Uhr

Speicherkoog

| Naturschutzgebiet |

3 *Natur pur mit Marsch, Vögeln, Wildpferden und weitem Blick*

Das Binnenbecken nördlich des Meldorfer Hafens ist nicht nur bei Kitesurfern beliebt, weil es tideunabhängig ist. Auf dem Deich lässt es sich prima Inlineskaten, und zudem gibt es hier auch eine Naturbadestelle – zwar ohne Strand, dafür aber mit weitem Blick mitten in das Naturparadies Speicherkoog, das durch die komplette Eindeichung im Jahr 1978 entstanden ist. Alles ist hier naturbelassen, es gibt keine Gastronomie und keine Hotels.

■ www.speicherkoog-meldorferbucht.de

Dithmarscher Landesmuseum

| Museum |

Das Landesmuseum erstreckt sich über vier Häuser, einen idyllischen Innenhof und macht rund 1200 Jahre Dithmarscher Geschichte und Lebensweise anschaulich. Zu sehen sind nicht nur alte Möbel und Gebrauchsgegenstände, angeschlossen ist auch ein Freilichtmuseum in einem Dithmarscher Bauernhaus und ein sehenswerter Rosengarten. Hinzu kommen verschiedene Sonderausstellungen, auch zur Kunst der Region. Zudem gehört auch

noch die Außenstelle »Dusenddüwelswarf – Denkmal und Infopavillon Hemmingstedt 1500« dazu.
■ Bütjestr. 2–4, Tel. 048 32/60 00 60, www.landesmuseum-dithmarschen.de, Di–Fr 11–16.30, So 11–16, Juli, Aug. auch Sa 11–16 Uhr, sonst Mo und Sa geschl., 5 €, erm. 3 €, Kinder bis 6 J. frei

Schleswig-Holsteinisches Landwirtschaftsmuseum

| Museum |
Das von der Stiftung Mensch betriebene Museum zeigt die Entwicklung des Landlebens und die Veränderungen des bäuerlichen Alltags in der Zeit von 1870 bis zur Gegenwart. Nicht fehlen darf dabei – wir sind ja im Land des Kohls – eine Sauerkrautfabrik.
■ Jungfernstieg 4, 25704 Meldorf, Tel. 048 32/97 93 90, www.landwirtschaftsmuseum-schleswig-holstein.de, Di–Fr 10–16, Sa, So 11–18 Uhr, 1 €, Kinder bis 6 J. frei

Restaurants

€–€€ | V »V« ist der erste Buchstabe der Inhaberfamilie Voss. Direkt an der Hauptstraße lädt das Restaurant zu Fisch, Fleisch, Flammkuchen ein – auch Vegetarier und Veganer werden bedacht. Das Ambiente ist modern, hell und freundlich, die Stimmung familiär. Besonders schön sitzt man im Garten. ■ Klosterstr. 4, Tel. 048 32/60 14 80, www.restaurant-v.de, So–Fr 11–14 und 17.30–22, Sa nur 17.30–22 Uhr

Cafés

Neue Holländerei Ob Schwarzwälder Kirschtorte oder Pfirsich-Sahne – der Auswahl an süßen Verführungen scheinen keine Grenzen gesetzt. Wer früher kommt, kann mit Dithmarscher Spezialitäten wunderbar frühstücken. Auch dieses Café wird geführt von der Aktion Mensch. ■ Jungfernstieg 4, Tel. 048 32/99 97 71, Di–Fr 8.30–16 Uhr

Einkaufen

Feinkäserei Sarzbüttel Die einzige Meierei Dithmarschens liegt rund 10 km nordöstlich von Meldorf und ist berühmt für ihren Räucherkäse mit dem Buchenaroma. ■ Hauptstr. 43, 25785 Sarzbüttel, Tel. 048 06/328, www.kaeserei-sarzbuettel.de, Ladengeschäft Mo–Fr 8–12 und 14–18, Sa nur 8–12 Uhr

Kneipen, Bars und Clubs

Bornholdt Auch auf dem platten Land gibt es Biergärten und Kulturkneipen – das Bornholdt in Meldorf vereint beides und richtet kleine, feine Clubkonzerte verschiedener Musikrichtungen aus. ■ Zingelstr. 14, Tel. 048 32/79 07, www.bornholdt-meldorf.de, Di–Sa ab 16 Uhr

6 Heide

Größter Marktplatz Deutschlands mit Einkaufsmeile und Museumsinsel

Information

■ Heide Stadtmarketing, Markt 28, 25746 Heide, Tel. 04 81/212 21 61

Der Marktplatz mit seinen riesigen Ausmaßen ist Heides ganzer Stolz – er ist immerhin der größte seiner Art in Deutschland. Besonders stimmungsvoll wird es dort zum Wochenmarkt am Samstagvormittag. Ansehen sollte man sich unbedingt auch die Altstadt rund um die ehemalige Handwerkergasse

Im Blickpunkt

Wiege der Windkraft

Strom aus Windkraft zu erzeugen, war hier an der Nordseeküste schon in den 1980er-Jahren ein Top-Thema. Damals entstand hier die größte Windkraftanlage der Welt, Growian. Seitdem gilt diese Region als Wiege der Windkraft in Deutschland und ist bis heute Zentrum dieser sanften Form der Energieerzeugung. So sollen sich heute mehr als 800 Windräder in Dithmarschen drehen, was u. a. wegen der damit verbundenen Schallemissionen nicht nur auf Zustimmung bei Anwohnern und Urlaubern trifft. Die Zukunft der Stromerzeugung sehen Experten eher auf dem Meer – rund um Offshore-Windparks sind die Windverhältnisse wesentlich besser als an Land.

Schuhmacherort – abends das Zentrum des Nachtlebens. Zu den sehenswerten Häusern gehören zudem das Alte Pastorat sowie das dazugehörende Hausensemble am Südermarkt. Der Wasserturm überragt die Stadt und dient auch als Standesamt.

Sehenswert

Museumsinsel Lüttenheid

| Museum |

Das Heimatmuseum zeigt, wie sich eine kleine Stadt zum Zentrum der Region mauserte. Vor allem Fotografien sind im Gebäudeteil Alte Schmiede zu sehen, im Alten Pferdestall auch Werkstätten und Kleidungsstücke. Ein Stück weiter liegt das Klaus-Groth-Museum mit dem Geburtszimmer des Mundartdichters (1818–1899); die beiden Häuser sind mit einem Ticket zu besuchen. Zu Groth gibt es auch einen extra Themenweg durch die Stadt.

■ Lüttenheid 40, Tel. 04 81/637 42, Di–Do, So 11.30–17, Fr 11.30–14, Sa 14–17 Uhr, 2,50 €, erm. 1 €

Brahmshaus

| Museum |

Ganz in der Nähe befindet sich das Stammhaus der Familie Brahms. In das Wohnhaus seines Großvaters kam auch der junge Johannes Brahms gern zu Besuch. Heute dokumentiert dort eine Ausstellung die Dithmarscher Wurzeln des Komponisten, zudem finden Musikveranstaltungen statt.

■ Lüttenheid 34, Tel. 04 81/631 86, www.brahms-sh.de, 1. April–31. Okt. Di–Do 11.30–15.30, Fr bis 13.30, Sa 13.30–15.30 Uhr, 2 €, erm. 1,50 €

Cafés

Alte Gärtnerei Oesterreich Dass sich in einer Gärtnerei ein Kleinod verbirgt, sieht man dem Gebäude nicht an. Besonders schön aber ist das Café gestaltet, Landidylle pur zwischen den alten Gewächshäusern und Pflanzenraritäten. Hier lässt es sich wunderbar frühstücken. ■ Tivolistr. 22, Tel. 04 81/675 37, www.garten-oesterreich.de, März–Okt. Mi–Fr 14–18, Sa, So 10–17 Uhr und nach Vereinbarung

Bühne

Das **Stadttheater** ist ein stimmungsvoller Veranstaltungsort für verschiedene Schauspiele, Lesungen und Konzerte. ■ Rosenstr. 15–17, Tel. 04 81/775 07 58, www.stadttheater-heide.de

Kinder

4 **Pinselwerk** Porzellanteller oder Tassen mit eigenen Mustern und Farben bemalen? Das geht nicht nur bei schlechtem Wetter gut. Das Pinselwerk bietet ein fein ausgestattetes Atelier, in dem Klein und Groß kreativ werden können. Zweigstellen in Büsum und Husum. ■ Süderstr. 29, Tel. 04 81/ 78 70 80 80, www.pinselwerk.com

7 Albersdorf

Steinzeitgräber, duftende Wälder und eine fast windfreie Zone

Information

- 25767 Albersdorf, www.albersdorf.de
- Touristinformation: siehe Meldorf

Wer gerne wandert, den wird es nach Albersdorf ziehen. Auch die Dithmarscher gehen hier am Wochenende oft spazieren. Hügelgräber, Eichenhaine, Mühlenteich und die einzige Wassermühle Dithmarschens – es gibt viele versteckt-romantische Plätze auf den ausgeschilderten Wanderwegen.

Sehenswert

Dolmen Brutkamp

| Archäologische Stätte |

Zu den größten steinzeitlichen Hügelgräbern gehört der Brutkamp in einem Lindenhain. Hier sollen sich Frischverheiratete getroffen und um reichen Kindersegen gebeten haben. Der Deckstein hat einen Umfang von 9 m.

■ Brutkampsweg

Steinzeitpark Dithmarschen

| Museum |

5 *Eine stimmungsvolle Zeitreise in die Vergangenheit*

Meistens bilden Freilichtmuseen die Vergangenheit vor 200 oder 300 Jahren ab. Weit in die Steinzeit hinein reicht hingegen der Museumskomplex in Albersdorf. Er gliedert sich um einige originale Grabhügel und ist nicht nur für Familien ein interessanter Ausflugstipp.

Jeder Stein hat seine Zeit: im Steinzeitpark Dithmarschen in Albersdorf

Kurvenreich schlängelt sich die Schlei hier bei Breiholz durch das grüne Land

Man bekommt eine Einführung in die Kunst des Feuermachens, erfährt, wie Werkzeuge gefertigt wurden, welche Pflanzen essbar waren – so wird das Leben vor 5000 Jahren lebendig. Auch altertümliche Tierrassen leben dort.

■ Süderstr. 47, Tel. 048 35/213 76 13, www.steinzeitpark-albersdorf.de, April–Okt. Di–So 11–17 Uhr, 7 €, erm. 3 €, Freigelände ganzjährig geöffnet (gratis)

Museum für Archäologie und Ökologie

| Museum |

Im alten Bahnhofshotel befindet sich nun dieses spannende Museum, das Fundstücke aus der Steinzeit zeigt. Die Dauerausstellung geht aber auch auf die Beziehung zwischen Mensch und Natur von der Steinzeit bis heute ein.

■ Bahnhofstr. 29, Tel. 048 35/97 19 74, www.museum-albersdorf.de, Mi–So 11–17, 2,50 €, erm. 1 €

Riesewohld

| Waldlandschaft |

Urwälder sind selten geworden in Deutschland. Östlich von Odderade befindet sich noch eines dieser letzten Biotope mit Eichen und Sumpfgebieten. Wahrzeichen der Gegend, in der es auch viele Quellen gibt, ist die Fünffingerlinde.

■ Infostation östlich von Odderade

Einkaufen

Schmuck- und Keramikatelier Dörte Thießen Sie töpfert selbst und designt zudem noch Ketten, Armbänder & Co.: Dörte Thießens Atelier 7 km nordöstl. von Albersdorf ist eine Fundgrube für Liebhaber des Besonderen. ■ Ziegeleiweg 12, 25785 Nordhastedt, Tel. 048 04/366, www.tonsteineperlen.de, Mo, Di, Do, Fr 9–12 und 15–18 Uhr, Mi nur vormittags geöffnet

Wollmühle Wer Wolle mag, ist in Nordhastedt richtig: Garne aus Irland und Island, Lammfelle, Gefilztes und jede Menge Strickpullover bzw. -jacken bietet die Wollmühle. Der Schwerpunkt liegt auf den naturbelassenen Textilien. ■ Fiel 7, 25785 Nordhastedt, Tel. 048 04/837, www.wollmuehle.de

Cafés

Heidehof Wittenmoor Blaubeeren selber pflücken kann man auf dem Heidehof Wittenmoor, 12 km südwestl. von Albersdorf. In der Saison gibt es zudem ein Café. ■ Bargenstedterfeld 8, 25704 Bargenstedt (Dellbrück), Tel. 048 06/222, www.heidehof-wittenmoor.de

Thodes Bauernhofcafé Die Dithmarscher haben so ihre Eigenarten – und Rudolf Thode gab ihnen genug Raum, um sich auszubreiten, indem er seinem

Bauernhof 7 km nordöstl. von Albersdorf einen Privatflugplatz hinzufügte. Den zeigt er gern, gleich nebenan liegt sein Bauernhofcafé. ■ Heinkenstruck 1, 25767 Offenbüttel, Tel. 048 02/200, Mai–Okt. Fr–Mo ab 14, Okt.–3. Advent sowie März, April So 14–18 Uhr

8 Breiholz

Ein Dorf zwischen den Wassern – zwischen Nord-Ostsee-Kanal und Eider

■ www.breiholz.de

Das Dörfchen Breiholz liegt nicht nur sehr idyllisch – sogar ein kleiner Sandstrand ist vorhanden. Ein perfektes Revier für Angler und Kanuten. Der Nord-Ostsee-Kanal trennt einen Ortsteil vom anderen, beide sind durch die Fähre verbunden.

Cafés

Café-Restaurant Flora Etwas versteckt hinter dem Deich liegt das Bio-Hotel Fauna mit seinem Café und Restaurant Flora. Man sitzt hübsch im kleinen Garten bei selbstgebackenem Kuchen und beobachtet die Schiffe, die hier auf etwa halber Strecke den Nord-Ostsee-Kanal passieren. Nachhaltigkeit und biologische Zutaten stehen dabei im Fokus der Besitzer. ■ Meckelmoor 3a, Tel. 048 75/90 26 32, Café Mi–Fr 14–18, Sa, So 12–18, Frühstücksbüfett tgl. 9–11.30 Uhr, www.restflora.de

Sport

Kanu Die Region rund um Breiholz ist ideal für Wasserwanderungen, etwa mit dem Kanu. Es gibt einige gute Einstiegsmöglichkeiten, sie sind sogar ausgeschildert. ■ Wer kein eigenes Kanu hat, kann sich bei diesen Anbietern eines leihen: Eider-Kanu, Tel. 043 35/12 64, www.eider-kanu.de, Nord Kanu, Tel. 048 41/743 52, www.nordkanu.de

9 Burg

Natur erkunden in der kleinen Stadt mit Burgwall und Auenlandschaft

■ www.burg-dithmarschen.de

Der bewaldete Hügel ist ein auffälliges Merkmal in Burg, inmitten einer von Feldern und Wiesen geprägten Landschaft. Der Burgberg wird noch heute wegen des Waldmuseums gern besucht. Es gibt auch ein Heimatmuseum. Ansonsten ist Burg ein Örtchen mit einigen Reethäusern, vor allem auf dem Klev, durch das es sich mit einem Eis in der Hand gut schlendern lässt.

Sehenswert

Waldmuseum
| Museum |
Brütenden Vögeln mit einer Kamera ins Nest schauen oder Vogelstimmen den Bildern zuordnen – das Waldmuseum stimmt ein auf die Natur. In einem 21 m hohen Turm auf dem 65 m hohen Wulffsboom gelegen, bietet sich hier nicht nur ein wunderbarer Panoramablick, an manchen Tagen bis zur Elbe, sondern auch viel Lehrreiches.
■ Waldstr. 141, Tel. 048 25/29 85, www.burgerwaldmuseum.de, April–Okt. Di–So 11–17 Uhr, 2,50 €, erm. 1,50 €

Burger Museum
| Museum |
Das zweite Museum des Ortes informiert über Traditionen und Lebenswei-

Blick auf die Eisenbahnbrücke Hochdonn in der Umgebung von Burg

se in den vergangenen Zeiten (inklusive einer alten Zahnarztpraxis und einer alten Apothekeneinrichtung).

■ Große Mühlenstr. 6, Tel. 48 25/90 22 00, www.burger-museum.de, Ostersamstag–30. April nur So 14–16.30, 1. Mai– 31. Okt. Di, Fr, So 14.30–16.30 Uhr, 3 €, erm. 1,50 €, Kinder frei

Paradiestal

| Waldlandschaft |

Das herrliche Paradiestal bietet sich nicht nur zum Wandern an, sondern auch für Naturerkundungen. So gibt es dort etwa Fledermausführungen in den Sommermonaten.

■ Buchung und Information über das Waldmuseum (S. 35).

Eisenbahnbrücke Hochdonn

| Brücke |

Die viertlängste Eisenbahnbrücke in Deutschland stammt aus dem Jahr 1913 und besitzt eine Gesamtlänge von über 2200 m. Mit einer imposanten Stahlkonstruktion überspannt sie in bis zu 56 m Höhe die Landschaft; ein besonderes Erlebnis ist es, die Züge darüber donnern zu hören. Fußgänger und Autofahrer setzen mit der Fähre über.

■ knapp 4 km nordöstl. von Burg

Restaurants

6 **€–€€ | Fährhaus Burg** Speisen in ländlicher Idylle direkt am Nord-Ostsee-Kanal mit Blick auf die großen vorüberziehenden Pötte – zu räsonablen Preisen. Im wunderbaren Wintergarten lässt es sich hervorragend brunchen oder lunchen. Kinder finden draußen einen hübschen Spielplatz. Auf den Tisch kommt Regionales, mit einem Hauch von Exotik. Im Sommer lädt im Garten ein kleiner Wagen zu Burgern ein – in keiner anderen Stadt an der Nordsee wäre dieses Gericht so passend wie hier. ■ Hafenstr. 48, Tel. 048 25/24 17, www.burger-faehrhaus.de, tgl. 8.30–22, im Winter Mo–Do 15–22, Fr–So 8.30–22 Uhr

Cafés

Dat lütte Café Unter dem Schatten alter Bäume sitzt es sich immer gut: Dat Lütte Café ist ein Publikumsliebling in Burg. Liebevoll gebackene Torten und Kuchen, serviert in einer handverlesenen Einrichtung mit antikem Schnickschnack verstrahlen eben Wohlfühlatmosphäre. Der perfekte Zwischenstopp für alle, die es gerne süß und gut mögen. ■ Krenzerstr. 1, Tel. 048 25/92 39 38, www.dat-luette-cafe.de, nur So 14–18 Uhr

Kerzenhof Man nehme: Einen alten Kuhstall, kräftige Farben, Spitzendeckchen, alte Möbelstücke und feine Kuchenrezepte. So funktionieren viele Hofcafés, nicht nur in Dithmarschen. In Schafstedt, knapp 13 km nordöstl. von Burg, gibt es dazu noch Kerzenziehen und -färben zum Mitmachen. Eine gute Alternative nicht nur für Schlechtwettertage. Dazu gehört ein kleiner Laden mit handverlesenen Dekoartikeln. Viele Kulturveranstaltungen. Besonders empfehlenswert ist das Sonntagsfrühstück (ab 10 Uhr). ■ Judenstr. 10, 25725 Schafstedt, www.kerzenhof-dithmarschen.de, Mi–So 14–18 Uhr, Hunde willkommen

Events

Holzmarktfest Alle fünf Jahre (wieder: 2020, 2025) spielen Laienschauspieler auf Plattdeutsch nach, wie sich einst die Bauern in Kornsäcken versteckt auf die Burg tragen ließen, um dort für ihre Freiheit zu kämpfen. Pferdewagen und historische Kostüme gehören selbstverständlich zur Ausstattung. ■ www.burg-dithmarschen.de

NOK Romantika Jedes Jahr zum Ende des Sommers verwandelt sich der Nord-Ostsee-Kanal in ein buntes Lichtermeer. Kerzen, Fackeln und Laternen illuminieren die Wasserstraße und geben ihr ein märchenhaftes Aussehen. Das Angebot reicht vom Laternelaufen für die Kinder über Feuerspucker und romantische Lichterfahrten auf dem Kanal. ■ www.nok-romantika.de

Erlebnisse

In alten **Spreewaldkähnen** durch die Kanäle und Auen rund um Burg gestakt zu werden, macht Spaß. ■ Anmeldungen und Infos unter Tel. 0177/2630336 oder www.dithmarscher-kahnfahrten.de

10 Wacken

Im Zeichen des brennenden Schädels: Beim Wacken Open Air rockt der Norden

■ www.wacken.de

Die kleine Gemeinde Wacken wurde in den 1990er-Jahren europaweit bekannt, weil dort eines der inzwischen größten Heavy-Metal-Festivals weltweit stattfindet. Jenseits davon ist Wacken immer noch ein eher unscheinbares, kleines, beschauliches Dorf.

Restaurants

€€ | **Landgasthof Wacken** Der Landgasthof ist inzwischen fest in Händen der beiden Gründer des 1990 erstmals veranstalteten Open-Air-Festivals, Thomas Jensen und Holger Hübner. Auf den Teller kommt Traditionelles – Mehlbeutel, Grünkohl und Matjes. ■ Hauptstr. 25, Tel. 04827/2283, www.landgasthof-wacken.de, Mo–Fr 11.30–13.30, Di, Do auch 17.30–22 Uhr, Sa, So nach Vereinbarung

Einkaufen

Battle-Merchant Einer der Gründe, auch jenseits des Festivals nach Wacken zu fahren, ist dieser außergewöhnliche Mittelalterladen. Schwerter, Pfeil und Bogen, feenhafte Gewänder und Lederrüstungen sind dort zu finden. Eine wahre Fundgrube für Mittelalter-Fans! ■ Wacken, Gehrn 4, Tel. 04827/996 9801, www.battlemerchant.com

Wacken Brauerei Wer auf die Idee kommt, eine Bierpipeline auf das Gelände des größten Heavy-Metal-Festivals der Welt zu legen, der hat auch

Im Blickpunkt

Faster : Harder : Louder

Schon Ende Juli dreht sich in Dithmarschen alles nur um das Heavy-Metal-Festival **Wacken Open Air**. An den Fähren hängen die Fahnen, Handwerker werden ebenso knapp wie die Hotelzimmer. Geboren wurde die Idee im Jahre 1990, als Open-Air-Konzert in einer Sandkuhle mit 12 D-Mark Eintritt und 800 Zuschauern. Inzwischen stehen dort acht Bühnen, 100 Bands treten auf, die Dreitageskarte kostet 220 €, ist sehr schnell ausverkauft, und die größten Stars der Szene fliegen ein. Wer einmal dabei war, vergisst die Atmosphäre nie: Lauter schwarz gekleidete Menschen, viel Bier und eine friedliche Stimmung.
www.wacken.com

sonst sehr kreative Einfälle: So wurde im Jahr 2016 eine eigene Brauerei gegründet, die »Beer of the Gods« herstellt, süffige Craft-Biere mit Namen nordischer Götter und hohem Alkoholgehalt. ■ Gehrn 13, Tel. 048 27/996 98 10, www.wacken.beer, Führungen und Verkostungen jeden 1. Fr im Monat

Events

W:O:A – Wacken Open Air Jedes erste Wochenende im August treffen sich bis zu 90 000 Hardrocker aus dem nördlichen Europa auf der Wiese in Wacken (siehe »Im Blickpunkt«). Sie machen drei Tage lang ganz friedlich Party unter freiem Himmel. Inzwischen gibt es viele Ausgliederungen des Festivals (u. a. die Wacken Winter Nights im Februar als Mystic-Folk- und Mittelalterrock-Event) und sogar eine Stiftung zur Förderung junger Künstler aus der Rock- und Metal-Szene.

11 Itzehoe

Hübsches Altstadtensemble mit Museen, Kloster und Shoppingmöglichkeiten

Information

■ Tourismus-Büro, Breite Str. 4, 25524 Itzehoe, Tel. 048 21/949 01 20, www.mein-itzehoe.de

Dass sie eine der ältesten Städte Holsteins ist, sieht man ihr kaum an. Doch die knapp 32 000-Einwohner-Gemeinde hat eine reiche Tradition und wurde bereits im 13. Jh. gegründet. Im Schwedenkrieg in der Mitte des 17. Jh. zerstörten die Nordmänner die Stadt fast ganz. Deswegen gehen die meisten heutigen Häuser auf den Wiederaufbau in der Zeit danach zurück. Interessant ist neben der Altstadt, dem Haus der Heimat (Klosterhof 19) und dem historischen Rathaus auch das Germanengrab – einer der größten Grabhügel aus der Bronzezeit in Norddeutschland (Timm-Kröger-Straße/Langer Peter). Außerdem schön: die Klappbrücke im Vorort Heiligenstedten.

Sehenswert

Prinzesshof
| Museum |
In einem Adelspalais aus dem 16. Jh. ist heute ein Museum untergebracht, das mit liebevoll restaurierten Einzelstücken aus dem Biedermeier und der Nachkriegszeit lockt. Eine Attraktion ist der historische Tabakladen mit seinem daran angegliederten Café.

■ Kirchenstr. 20, Tel. 048 21/640 68, www.kreismuseum-prinzesshof.de, Di–So 10–12, 14.30–17 Uhr, Eintritt 3,50 €, erm. 2 €

Wenzel-Hablik-Museum

| Museum |

Der expressionistische Maler, Grafiker und Kunsthandwerker Wenzel Hablik (1881–1934) gehört zu den berühmtesten Itzehoer Bürgern. Das ihm gewidmete, in einem unter Denkmalschutz stehenden Kaufmannshaus untergebrachte Museum besitzt die umfangreichste Sammlung seiner Werke darunter Gemälde, Zeichnungen, Figuren. ■ Reichenstr. 21, Tel. 048 21/888 60 20, www.wenzel-hablik.de, Di–Sa 14–17, So 11–17 Uhr, 4 €, erm. 2 €

Adeliges Kloster

| Kloster |

Bereits im Jahre 1256 wurde dieses Kloster gegründet. Bis heute dient es der Versorgung seiner adeligen Konventualinnen. Sehenswert sind vor allem der gotische Kreuzgang sowie die Laurentii-Kirche und das sich wunderschön in dem davorliegenden See spiegelnde Gebäudeensemble.

■ Klosterhof 7, Tel. 048 21/31 63, www.kloster-itzehoe.de, Mo 8–12, Mi 9–12 Uhr, Eintritt frei

P Parken

In der Innenstadt von Itzehoe kostet das Parken 1 € für 2 Std.

Restaurants

€€ | **Himmel und Erde** Das ehemalige Katasteramt aus dem 17. Jh. ist immer ein guter Platz, um eine kleine Stärkung einzunehmen. Wer hier isst, der tut damit außerdem auch gleich etwas für den guten Zweck, denn das Restaurant wird von der Diakonie geführt und integriert Menschen mit Handicaps. Und: Über den leckeren hausgemachten Kuchen hinaus finden hier besondere Konzerte und Kulturveranstaltungen Beachtung. ■ Kirchenstr. 5, Tel. 048 21/604 82 34, www.himmelunderde.sh, Mo–Fr 9–18, Sa 10–17 Uhr

Anders als die meisten Klöster der Region überstand das in Itzehoe die Reformation

Übernachten

Übernachten in Dithmarschen und Umgebung kann ganz unterschiedlich aussehen: urban wie in Glückstadt, ganz ländlich auf einem Pferdehof; man kann aber auch hinterm Deich schlafen oder direkt an einem Kanal. Richtige Massenunterkünfte gibt es in dieser Gegend nicht, nur Friedrichskoog ist sehr touristisch geprägt. In der Regel sollte man lange im Voraus buchen – die besten Unterkünfte sind schnell weg. Das Wacken-Festival sollten auch diejenigen genau im Blick haben, die selbst nicht dorthin wollen – denn rund um die Festivalwoche ist in Dithmarschen kaum ein Zimmer zu bekommen.

Glückstadt 18

€ | Gästehaus Sell Schon seit zehn Jahren wird das Haus erfolgreich als Pension geführt. Die hellen Zimmer wirken wie frisch renoviert. Sehr sauber. Die Besitzerin ist freundlich und hält manchen guten Tipp parat, zentral gelegen, top Preis-Leistungs-Verhältnis. ■ Große Deichstr. 28, 25348 Glückstadt, Tel. 041 24/89 05 01, www.sells-bed-breakfast.de

€€ | Anno 1617 Direkt am Marktplatz in einem Haus aus der Gründerzeit ist das wohl gediegenste Hotel der Stadt untergebracht. Moderne Zimmer, freundlicher Service. ■ Am Markt 5–6, 25348 Glückstadt, Tel. 041 24/916 90, www.anno1617.de

€€ | Stilbruch Modern ausgestattete Zimmer mit Blick auf den Marktplatz, neu und frisch gestylt. ■ Große Kremper Str. 18, 25348 Glückstadt, Tel. 041 24/608 23 00, www.stilbruch-glueckstadt.de

Marne 25

€–€€ | Landhaus Gardels Familiengeführt, edel ausgestattet, gemütlich, hell und freundlich. In der Küche legt man Wert auf Zutaten aus der Region. Die knapp 10 km nordwestl. von Marne gelegene Unterkunft bietet auch Zimmer für den kleinen Geldbeutel, modern designt und etwas hipper als die im alten Landhaus. ■ Westerstr. 19, 25693 St. Michaelisdonn, Tel. 048 53/80 30, www.landhaus-gardels.de; das Low-Budget-Hotel ist erreichbar unter www.kleiner-hans.de

Friedrichskoog 27

€ | Ferienhof Mohr/Meiburg Ferien auf dem Land sind für Familien immer eine gute Idee, vor allem, wenn es auf dem Hof Pferde und Reitmöglichkeiten gibt. Dann ist die Schlechtwetter-Langeweilegefahr schon im Voraus gebannt. Auf diesem Hof kommt sie gar nicht erst auf. Die Wohnungen sind recht günstig, dafür nimmt man in Kauf, dass sie nicht nach neuem Design ausgestattet sind. ■ Koogstr. 18, 25718 Friedrichskoog, Tel. 048 54/2 89, www.ferienhof-mohr-meiburg.de

Meldorf 29

€€ | Hotel Zur Linde Gutbürgerliches Hotel in Familienbesitz, mitten in der Innenstadt von Meldorf. Manche der im Landhausstil gestalteten Zimmer haben sogar Domblick. Historische Gaststube mit regionaler Küche. ■ Südermarkt 1, 25704 Meldorf, Tel. 04832/95 95 0, www.linde-meldorf.de

Burg 35

€ | Gästehaus Paradiestal Ein Künstler hat sich einen Traum erfüllt, einen Landsitz saniert und vermietet dort Zimmer. Der Name der Gegend, Paradiestal, ist ganz zutreffend für diese Kombination. Preislich ein echtes Schnäppchen. ■ Paradiestal 1, 25712 Burg, Tel. 048 25/903 14 14,

€–€€ | Fährhaus Burg Direkt am Nord-Ostsee-Kanal gelegen, die Fähre fährt direkt vor der Türe – wo gibt es so etwas heute noch? Rustikale Landhausidylle, licht und hochwertig mit viel Holz. Hier schläft es sich so angenehm wie stilvoll. ■ Hafenstr. 48, 25712 Burg, Tel. 048 25/24 17, www.burger-faehrhaus.de

€–€€ | Kanal 33 Das kleine Hotel liegt direkt am Nord-Ostsee-Kanal in Schafstedt (knapp 13 km nordöstl. von Burg) und ist an den Wochenenden als Café ein beliebtes Ausflugsziel. Viele Radfahrer. Da sich der Ort nahe an Wacken befindet, sind die Zimmer zur Festivalzeit schnell ausgebucht. ■ Hohenhörner Str. 33, 25725 Schafstedt, Tel. 048 05/901 49 33, www.kanal33.de

Heide 31

€€ | Hotel Oldenwöhrden Der Klassiker in Dithmarschen: Dieses 10 km südöstlich von Heide gelegene Gasthaus hat schon viele Familienfeiern gesehen und ist ein guter Ausgangspunkt für Erkundungstouren. Die Zimmer sind modern und freundlich eingerichtet; wer Glück hat, bekommt das Zimmer Nummer 8 mit Wanne und Dusche. ■ Große Str. 17, 25797 Wöhrden, Tel. 048 39/953 10, www.oldenwoehrden.de

ADAC Das besondere Hotel

Nicht am, sondern auf dem Wasser schläft man beim **Bootsmann** in Breiholz: Zwei Hausboote liegen in der Eider fest vertäut und bieten schon morgens einen romantischen Ausblick über den Fluss und seine angrenzenden Wiesen. Ein lichtes, modernes Ambiente schafft Wohlfühlstimmung, und es ist ein herrliches Gefühl, direkt vom roten Hausboot ins Wasser zu springen. (Man kann hier auch im Rumfass übernachten oder auf den angeschlossenen Campingplatz ausweichen.)

€€ | Bootsmann, Fährstr. 1, 24797 Breiholz, Tel. 043 32/996 42 00, www.bootsmann-lodge.de

Halbinsel Eiderstedt und Umgebung

Hier findet man ein interessantes, abwechslungsreiches Kulturangebot, viel Natur und jede Menge weitere attraktive Urlaubsreize

Ein leckeres Krabbenbrötchen am Hafen probieren, durch die Salzwiesen wandern oder Weltklasse-Surf-Sport beobachten – die Halbinsel Eiderstedt und ihre Umgebung bieten jede Menge Vielfalt. Dank der zahlreichen Deiche in dieser Region erstreckt sich hier ein wunderbar zu erkundendes Radwegenetz. Zwischen Dünen und Salzwiesen kommen Naturbegeisterte auf ihre Kosten, deutlich quirliger geht es in den Küstenorten St. Peter-Ording und Büsum zu. Wer mag, kann sich bei Ebbe auf einen entdeckungsreichen Spaziergang ins Watt begeben. Überstrahlt wird das Ganze vom 37 m hohen Leuchtturm Westerheversand. Eine Wanderung zu ihm führt durch eine herrlich weite Salzwiesenlandschaft. Beeindruckend ist auch das Eidersperrwerk – Deutschlands größtes Bauwerk dieser Art. Und nicht zuletzt locken hier interessante Museen zu den Themen Nordsee, Moor und Marschland.

In diesem Kapitel:

ADAC Top Tipps:

3 **Sandbänke, St. Peter-Ording**
| Strand |
Einzigartig: In der vielleicht größten Sandkiste der Welt den Sonnenuntergang genießen. 50

4 **Multimar Wattforum**
| Museum |
Spannend und informativ: In 37 Aquarien werden die Tiere des Wattenmeeres und 280 Arten von Fischen, Krebsen und Muscheln gezeigt. 56

ADAC Empfehlungen:

7 **Familienlagune Perlebucht, Büsum**
| Strand |
Badevergnügen und Wasserspaß unter freiem Himmel: Familienurlauber

10

4

3

Sommer, Sonne, Strand: an Büsums Familienlagune Perlebucht

12 Büsum

Grüne Deiche und geschäftiges Treiben am Hafen – bummeln, shoppen, sonnen

Information

■ Tourist-Information in der Lesehalle des Gäste- und Veranstaltungszentrums, Südstrand 11, 25761 Büsum, Tel. 04834/909-114, www.buesum.de

Als der Ort im Jahr 1140 das erste Mal urkundlich erwähnt wurde, war dies eine Insel vor der Küste Dithmarschens. Doch während die Südseite von Sturmfluten immer weiter abgetragen wurde, wuchs der Norden. Im 16. Jh. war die Eindeichung ans Festland schließlich vollzogen. Heute präsentiert sich das Heilbad als abwechslungsreiche Urlaubsdestination, in der die Fischerei nach wie vor eine wichtige Rolle spielt. Bereits Anfang des 19. Jh. kümmerte man sich in Büsum um Gäste, und so gehört es heute zu den größten Seebädern der Westküste. Malerisch liegen im Hafen von Büsum Krabbenkutter und Ausflugsschiffe vor Anker. Am schönsten erlebt den Ort, wer von Norden anfährt – auch wenn es ein kleiner Umweg sein sollte.

Sehenswert

Familienlagune Perlebucht
| Strand |

7 *Badevergnügen und Wasserspaß unter freiem Himmel*

Spielgeräte, Klettergerüste, Schaukeln, Hängematten und viel Platz zum Buddeln bietet der Familienbereich, den übrigen Gästen steht ein riesiges, an Dubais Lagunenlandschaften erinnerndes Areal zur Verfügung. Zwar fehlt das künstliche Riff mit seiner Farbenvielfalt, doch coole Relaxzonen und großzügige Strandabschnitte laden auch hier zum Verweilen ein. Zwischen dem Bade- und dem (100 000 m², also fast 14 Fußballfelder großen) Wassersportbecken führt eine Seebrücke zu einem terrassenartigen Einstieg ins Watt. Flankiert wird das Ganze von einem großen Gastronomieangebot und einer Promenade, von der aus die Schiffssilhouetten am Horizont wie Scherenschnitte wirken – beeindruckend vor allem im Sonnenuntergang.

■ Nordseestr. 79X, Tel. 048 34/90 90

Museum am Meer

| Museum |

Das Museum bietet einen Einblick in den Alltag der Küstenfischer und in die Krabbenverarbeitung. Zudem beschäftigt man sich mit dem Tourismus in Büsum. Interessante Doku-Filme.

■ Am Fischereihafen 19, www.museum-am-meer.de, März–Okt. Mo–Fr, So 11–17, Sa 13–17, Ende Dez.–Mitte Jan. jeweils 11–16 Uhr (und nach Vereinbarung), 3 €, Kinder (6–12 J.) 1 € Jugendliche 1,50 €

Museumshafen Büsum

| Hafen |

Möwen kreischen um die Wette, Kutter laufen ein und aus – wer den Krabbenfischern zuschaut, wie sie ihren Fang sortieren, der erkennt sofort, dass Seefahrt nicht nur Romantik ist. Im Hafen kommt keine Langweile auf. Frischer sind die Krabben nirgends – mehr als 3000 t kommen hier im Jahr durchschnittlich an –, und das Seemannsflair sorgt für Träumereien. Das erste Becken aus dem 16. Jh. gehört zum Museumshafen. Und über allem thront der Leuchtturm.

■ Danziger Str. 20, www.museumshafen-buesum.de

Büsumer Freilicht-Deichmuseum

| Museum |

Unscheinbar, aber gut ausgeschildert liegt das Museum im Norden Büsums. Mit Nachbauten und Infotafeln wird die Entwicklung des Deichbaus sehr anschaulich erklärt.

■ Mittelweide/Stadtweg, ganzjährig geöffnet, Eintritt frei

P Parken

Kostenfrei an der Perlebucht (P1) und am Hafen (P2).

Restaurants

€–€€ | **Beckmann** Hier gibt's Fischspezialitäten (Räucherfisch, Krabben, Salate) ausschließlich aus eigenem Fang und eigener Verarbeitung (die Karte wird jeden Tag aktualisiert). ■ Alleestr. 35, Tel. 048 34/22 26, www.beckmann-buesum.de, Di–So 11–14 und 17–21 Uhr (es gibt auch ein SB-Restaurant und einen Fischladen in der Alleestraße)

ADAC Spartipp

Mit der **Gästekarte** gibt es einige Vergünstigungen. So kann man etwa die Büsumer Kleinbahn von April bis Oktober kostenlos nutzen. Außerdem gibt's freien Eintritt zum Grün- und Sandstrand Nordseesport, geführte Radtouren, Ortsbummel, kostenloses WLAN (am Deich, Strand, Rathauspark, Wohlfühlgarten, Powerbankverleih, Freitreppe am Museumshafen), im Juni 1 Std. täglich gratis baden im »Piraten Meer« sowie das Gutscheinheft »BüsumBons« mit vielen Angeboten und Ermäßigungen.

Die Gästekarte bekommen Sie im Hotel oder beim Vermieter Ihrer Ferienwohnung. Sie ist in der Kurtaxe enthalten, kostet also nichts extra.

ADAC Mittendrin

Bereits seit 1900 begeistert das **Wattenlaufen mit Musik** und ist mittlerweile Kult. Waren es einst die Musiker einer umherziehenden Straßenkapelle, spielt heute das Kurorchester auf. Gemeinsam mit den Gästen geht es in Richtung Wasser – mit Walzer, Marschmusik oder Dixie als Begleitung, je nach Wunsch der Wanderer. Für rund eineinhalb Stunden geben die Musiker dabei den Takt an.
Termine im Veranstaltungskalender unter www.buesum.de

€–€€ | **Deichperle** Traditionelle Gerichte werden in diesem zum Hotel Küstenperle gehörenden Restaurant neu interpretiert. Großzügige Sonnenterrasse. ■ Dithmarscher Str. 39, Tel. 048 34/96 21 10, www.hotel-kuestenperle.de/restaurant-bar, tgl. 12.30–21 Uhr

€€ | **Kolles Alter Muschelsaal** Das Kultrestaurant in Büsum. Das Restaurant entstand vor 100 Jahren, das Interieur ist bis heute so geblieben: Die Räume sind über und über mit Muscheln verziert. Auf der Speisekarte steht Fisch, frisch zubereitet versteht sich. ■ Hafenstr. 27, Tel. 048 34/24 40, www.kolles-alter-muschelsaal.de, Di 17–22, Mi–Fr 12–14 und 17–22, Sa, So 12–22 Uhr

€€ | **Landgang** Das neue Hotel Lighthouse im Herzen von Büsum wartet mit typischer Nordseeküche auf. Das Besondere ist die gläserne Räucherei, in der die Fische ihr feines Aroma entwickeln – unter den Blicken der Passanten. Es ist eines von drei Restaurants des neuen Hotels. ■ Am Museumshafen 11, Tel. 048 34/984 20, www.hotel-lighthouse.de, tgl. 12–22 Uhr

Einkaufen

Nordseebär Bäcker- und Konditormeister Pieter Schubert bietet Fruchtgummi nach eigener Rezeptur, in unterschiedlichen Geschmäckern und Formen an – auch vegan. ■ Alleestr. 42a, www.nordseebaer.de, März–Okt. tgl. 10–18 Uhr, sonst wechselnde Zeiten

Kinder

Happy Jump Trampolinspringen direkt am schönen Strand der Perlebucht. ■ tgl. 10–22 Uhr (außer bei Regen oder Sturm), 10 Min. 2 €, www.happyjump.de

Erlebnisse

Phänomania Hier geht es auf eine Entdeckungsreise durch die faszinierende Welt der physikalischen Phänomene und menschlichen Sinne. Auf einer Fläche von 6000 m² warten mehr als 200 verschiedene Experimentierstationen für Jung und Alt. ■ Dr.-Martin-Bahr-Str. 7, Tel. 048 34/96 55 17, www.phaenomania-buesum.de, in der Saison tgl. 10–18 Uhr, 9,50 €, erm. 8,50 €, Kinder 6,50/7,50 €

13 Helgoland

Rote Hochseeinsel mit Langer Anna, weißer Düne, bunten Hummerbuden

Information

■ Helgoland Touristik, Lung Wai 28, 27498 Deät Lun/Helgoland, Tel. 047 25/81 43-0, www.helgoland.de

Wer einmal auf der roten Insel war, wird schnell begeistert sein. Denn als einzige Hochseeinsel befindet sie sich

70 km vor der deutschen Küste, ragt etwa 60 m mit rotem Sandsteinfelsen in die Höhe und ist nur rund 1 km² groß. Die Nebeninsel »Düne« misst etwa 0,7 km². Auf dem damals britischen Eiland Helgoland schrieb Hoffmann von Fallersleben am 26. August 1841 sein berühmtes »Lied der Deutschen«, heute in Teilen Nationalhymne. Auch James Krüss dichtete dort.

Sehenswert

Heimatmuseum

| Museum |

Das Heimatmuseum gliedert seinen Freilichtbereich in nachgebauten Hummerbuden (S. 48). Diese informieren u. a. über das Wirken des auf der Insel geborenen Schriftstellers James Krüss. Hinzu kommen Ausstellungen zur Postgeschichte der Insel, zu Leuchttürmen und zum Seebäderdienst.

■ Kurpromenade 1430, Tel. 047 25/12 92, www.museum-helgoland.de, März–Okt. 10–14.30 Uhr, 4 €, erm. 2 €

Leuchtturm

| Landmarke |

35 m misst der eckige Leuchtturm auf dem Helgoländer Oberland. Als einziges Gebäude der Insel hat er den Zweiten Weltkrieg überstanden. Der Backsteinbau sendet sein starkes Signal noch heute über die See.

■ Oberland, Leuchtturmstr. 716

ADAC Mobil

Die **Anreise** nach Helgoland von der schleswig-holsteinischen Nordseeküste aus erfolgt mit Ausflugsschiffen ab Büsum, Nordstrand, Pellworm, Sylt oder Föhr. Achtung: im Herbst und Winter kann es sein, dass aufgrund eines Sturms die Fähre nicht fahren kann, und man einige Tage auf der Insel festsitzt.

Tel. 046 51/987 08 88, www.adler-schiffe.de/helgoland, die Fahrt (in der Hauptsaison tgl.) kostet ab 39 €

Wegen der roten Sandsteinfelsen wird Helgoland auch »die rote Insel« genannt.

Hummerbuden

| Flaniermeile |

Die Hafenfront im Unterland bilden bunt angestrichene, zweistöckige Holzhäuschen. Nach den Zerstörungen des Zweiten Weltkriegs und der Wiederbesiedlung 1952 wurden sie nach Entwürfen des Hamburger Architekten Georg Wellhausen errichtet. In den ehemaligen Schuppen der Fischer werden schon lange keine Fänge und Netze mehr sortiert, stattdessen bieten Souvenirshops Andenken feil, es gibt Cafés, Kneipen und Galerien.

■ Unterland, Hafenstraße

Lange Anna

| Naturdenkmal |

Das Wahrzeichen der Insel ist ein roter Felsen, der wie eine Nadel in die Luft ragt und Vögeln wie Trottellummen oder Basstölpeln ein Zuhause bietet: 47 m ragt sie in Buntsandsteinrot aus dem Meer, besonders hübsch zu Sonnenauf- oder -untergang.

■ Im Nordwesten der Insel

Düne

| Insel |

Im weißen Sand liegen, vielleicht einer Robbe beim Sonnenbad zusehen, das können Besucher nur auf der Badedüne, der einzigen Nebeninsel von Helgoland. 1721 durch die Neujahrsflut von der Hauptinsel getrennt, ist sie heute nur noch mit dem Boot zu erreichen. Zu sehen gibt es einen Friedhof für unbekannte Seefahrer und einen Leuchtturm. Wer auf der Düne ist, bleibt meistens für einige Tage auf dem Campingplatz.

■ Von der Hauptinsel verkehrt eine Fähre im 30-Min.-Takt, April–Okt. 8–21, 15. Juni–15. Sept. bis 23, im Winter nur bis 16 Uhr und längere Mittagspause, 5 €, erm. 2,50 €

ADAC Spartipp

So günstig wie hier kann man nirgendwo in Deutschland einkaufen: »Zolltechnisch« unterliegt Helgoland nicht dem Steuerrecht der EU. Die Waren werden zollfrei und auch ohne Mehrwertsteuer angeboten. *www.helgoland.de, www.zoll.de*

Restaurants

€€€ | **Restaurant Mocca-Stuben** Hier gibt's Helgolander Hummer und andere Delikatessen. ■ Hingstgars 447, Tel. 04725/1253, www.mocca-stuben.de, tgl. 12–24, Küche 12–15 und 17.30–21 Uhr

€€€ | **Rickmers Restaurant** Authentische, frische Speisen in bester Qualität. ■ Am Südstrand 2, Tel. 04725/814125, www.rickmers-galerie-restaurant.de, tgl. 12–15 und 18–24 Uhr

14 Wesselburen

Viel Landschaft, artenreiche Tierwelt und ein imposantes Sperrwerk

Information

■ Markt 5, 25764 Wesselburen, Saison: Mo–Fr 10–12, 14–17 (Mi-nachm. geschl.), Nebensaison: Mo 10–12, 14–16, Di, Do, Fr 10–12 Uhr, www.wesselburenerkoog-ort.de

Der berühmteste Sohn der Stadt ist der als Dichter und Dramatiker zu Ruhm gelangte Christian Friedrich Hebbel (1813–1863). Der Wesselburener Koog bietet einen beliebten Grünbadestrand und Wege für lange Deichspaziergänge. Die 5 km südwestlich gelegene Gemeinde Reinsbüttel verdeutlicht einen Teil der Küstenentwicklung in Dithmarschen, denn sie wird von der einzigen Langwarft (einem aus Erde aufgeschütteten Siedlungshügel) Schleswig-Holsteins aus dem 12. Jh. durchzogen.

Sehenswert

Eidersperrwerk

| Bauwerk |

Für das größte Sperrwerk Deutschlands, das die Eiderniederungen vor Sturmfluten schützt, wurden rund 48 000 m³ Beton gebraucht. Durch das Eidersperrwerk wurde die Deichlinie von 60 auf knapp 5 km verkleinert. Am südlichen, kostenfreien Parkplatz gibt es einen Aussichtspavillon mit Infotafeln.

■ www.wsv.de/wsa-toe/bauwerke/eider_sperrwerk

Katinger Watt

| Watt |

Hinter dem Eidersperrwerk tut sich eine einmalige Naturlandschaft auf, die Vogelfreunde erfreut. Krickente, Mantelmöwe, Pirol oder Löffler sind dort ebenso zu sehen wie Schwärme von Staren. Den besten Blick hat man von den Vogelbeobachtungstürmen, es gibt aber auch einige Wege durch das Naturschutzgebiet. Das NABU-Naturzentrum Katinger Watt informiert über Angebote, Wege und Flora und Fauna.

■ Katingsiel 14, 25832 Tönning, Tel. 048 62/80 04, Di–So 11.30-21 Uhr

Kohlosseum

| Museum |

Im Herzen von Europas größtem zusammenhängenden Anbaugebiet für Kohl (rund 80 Mio. Köpfe werden jedes Jahr von Hand geerntet) dreht sich alles um dieses traditionelle Gemüse. Es gibt einen Bauernmarkt, eine Krautwerkstatt und ein Museum.

■ Bahnhofstr. 20, Tel. 048 33/458 90, www.kohlosseum.de, Nov.–Ostern Mo–Fr 9–17, Sa. 10–13, Ostern–Ende Juni Mo–Fr 9–18, Sa 10–15, Juli–Ende Okt. Mo–Fr 9–18, Sa, So 10–15 Uhr, Jan.–Ostern geschl.

Museum Hebbel

| Museum |

Das in einem Friesenhaus untergebrachte Museum dokumentiert das Leben und Wirken des Dichters Christian Friedrich Hebbel u. a. anhand einer Auswahl von Original-Handschriften. Zudem wurden einige Zimmer nachgebaut. Sehenswerte Bibliothek.

■ Österstr. 6, Tel. 048 33/41 90, www.hebbelmuseum.de, Mai–Okt. Di–Do 11–13 und 14–17 (jeden 1. und 3. Di Führung um 14.30, Fr–So 11–13, 14–16, Nov.–April Di, Do 14–17 Uhr und nach Vereinbarung, 3 €, Jugendliche (13–18 J.) 2 €

Cafés

Koog Café In einer ehemaligen Schmiede (und drumherum) kann man es sich im Strandkorb bequem machen.

■ Dammstr. 20, Wesselburenerkoog, Tel. 048 33/42 58 85, www.koog-cafe.de, Mo–Fr 12–17, Sa, So 10–17.30 Uhr

In der Umgebung

8 **Gartencafé** Limette-Joghurt-Sahne-Torte oder Mandarine-Schmand gefällig? Das Gartencafé in Süderdeich, knapp 2 km südwestl. von Wesselburen, ist einen Abstecher wert. Kuchen und Torten sind hausgemacht, die Räume und der opulente Garten liebevoll im Landhausstil gestaltet. ■ Hauptstr. 34/36, 25764 Süderdeich, Tel. 048 33/42 59 99, www.gartencafe.info, Juni–Okt. tgl., Nov.–Mai Do–Mo 13–18 Uhr

15 St. Peter-Ording

Der wohl beliebteste Ferienort an der Nordseeküste

Pfahlbauten wie diese finden sich am Strand von St. Peter-Ording

i Information

■ 25826 St. Peter-Ording, Tel. 048 63/99 90, www.st-peter-ording.de, Mo–Fr 9–17, Sa, So 10–16 Uhr; Tourist-Infos in den Ortsteilen Dorf (Badallee 1), Bad (Maleens Knoll 2) und Böhl (Böhler Landstr. 153)

■ Parken: siehe S. 52

Schon von Weitem sind die berühmten Pfahlbauten, das Wahrzeichen von St. Peter-Ording, abends vor der untergehenden Sonne zu erkennen. Spätestens dann kann sich kein Besucher mehr dem Flair des langgezogenen Küstenortes auf der Eiderstedt-Halbinsel entziehen. Vier Ortsteile prägen den Hotspot der Region, jeder hat seinen eigenen Charme: Böhl, Bad, Dorf (Süd) und Ording. Zwischen Strand und Deich liegen je nach Standort Salzwiesen oder Dünen. Der 12 km lange Strand ist an einigen Stellen 2 km breit. Und bei allem Trubel in der Hochsaison gibt es auch noch viele ruhige Ecken.

Sehenswert

1 Sandbänke

| Strand |

3

Der Strand vor St. Peter-Ording gehört zu den schönsten im Land

Kilometerweit kann man hier an der Küste entlang laufen, sich den Wind ins

Plan S. 52

Gesicht pusten lassen oder mit den Kindern Burgen bauen. Die Tide bestimmt wie überall an der Nordseeküste das Leben am Strand, der hier sogar mit dem Fahrrad oder dem Auto zu befahren ist. Dort kann auch geparkt werden, aber Achtung: Bei Flut steigt das Wasser bis auf den Parkplatz, und es kann nass werden.

Besonders romantisch sind die Sonnenuntergänge, wenn sich das letzte Licht des Tages in tausend Rottöne aufzufächern scheint. Wer es lieber aktiv mag: Ob Kitesurfen, Strandsegeln, Reiten, Drachenfliegen oder Drachen steigen lassen – die Anzahl der Möglichkeiten scheint grenzenlos.

2 Landschaft Eiderstedt

| Museum |

Die Geschichte Eiderstedts wird hier anschaulich dargestellt.

■ Olsdorfer Str. 6, www.museum-landschaft-eiderstedt.de, Di–So 10–17 Uhr, 5 €, mit Gästekarte 3,50 €

3 Westküstenpark & Robbarium

| Tierpark |

In der größten Seehundanlage des Landes gibt es zweimal täglich Seehundvorführungen und Wildtierfütterungen. Zudem lädt ein Parkrestaurant zum Besuch ein.

■ Wohldweg 6, Tel. 04863/3044, www.tierpark-westkuestenpark.de, tgl. 9.30–18 Uhr, 11 €, erm. 7,50 €

4 Nordseebernsteinmuseum

| Museum |

Seit Tausenden von Jahren fasziniert der Bernstein den Menschen. In diesem kleinen Museum erfährt man viel über den begehrten Schmuckstein.

■ Dorfstr. 15, www.nordsee-bernsteinmuseum.de, Mitte März–Okt. Mo–Fr 9.30–13, 14.30–18, Sa, So 11–13, Nov.–Mitte März Mo–Fr 10–12, 15–17, Sa 10–12 Uhr, 2 €

ADAC Mobil

Die Tourismus-Zentrale bietet vier Ladesäulen für **Elektrofahrzeuge** an. Sie stehen u. a. auf dem Parkplatz der Dünen-Therme und haben ein Schnellladeprogramm. Zudem lässt sich ein Elektroauto für 39 € pro Tag mieten.

P Parken

Das Parken ist in St. Peter-Ording vor allem in der Hauptsaison ein Problem, weil der langgezogene Ort schnell zugeparkt ist. Das beliebte Strandparken (Böhl und Ording) kostet ab 2020 vom 15. März bis zum 31. Okt. (tgl. 7.30–22.30 Uhr) 8 € pro Tag/Pkw. Im Sommer an den Badestellen Strandrollstuhlverleih.

Restaurants

€ | Restaurant Dii:ke Wer mit Kindern unterwegs ist, die gern Pizza essen, ist hier richtig. Die im Holzofen zubereitete Pizza für die Kleinen kommt liebevoll in Hasenform arrangiert auf den Tisch – frisch und handgemacht. Eine Besonderheit sind Kantüffeln, in Meersalz gekochte Kartoffeln mit scharfer Sauce. Strandatmosphäre. ■ Am Deich 31, Tel. 048 63/950 44 50, www.diike.de, tgl. 11–22 Uhr, Plan S. 52 a2

€€ | Strandbar 54°Nord Einer der legendären Pfahlbauten. Das Restaurant ist über einen Steg bei Hochwasser erreichbar, originelle und regionale Küche. ■ Strandweg, Tel. 048 63/47 8175, www.strandbar-54grad-nord.de, tgl. 11.30–20.30 Uhr, Plan S. 52 a2

9 **€€ | Strandcafé Silbermöwe** Bekannt aus der TV-Serie »Gegen den Wind«, werden hier norddeutsche Spezialitäten in 7 m Höhe serviert. ■ www.strandcafe-silbermoewe.de, März–Okt. Mo, Di, Do–So 11 Uhr. Ist die Fahne gehisst, ist offen.

Cafés

Landcafé Eclair Idyllisch gelegen auf dem Weg zwischen Westerhever und St. Peter-Ording. Im schattigen Garten schmecken die Kuchen doppelt so gut, auch Frühstück, Brote und Salate. ■ Koogstr. 57, 25881 Tümlauer-Koog, www.landcafe-eclair.de, Do–Mo 9.30–18 Uhr, Plan S. 52 nördl. außerhalb von c1

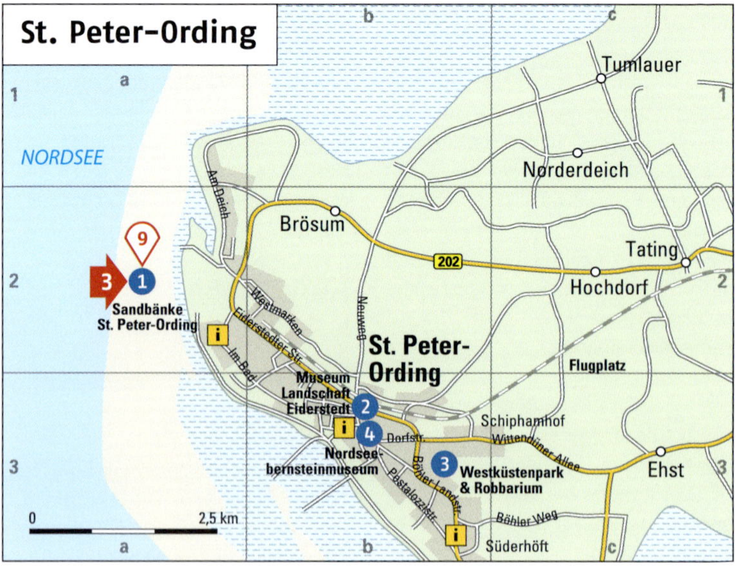

Einkaufen

Im Ortsteil **Dorf** befindet sich die Shopping-Meile von St. Peter-Ording. Hier reihen sich Geschäfte mit den Filialen vieler großer Marken aneinander, stimmungsvoll in Reethäusern untergebracht – wunderbar zum Bummeln. ■ Plan S. 52 b3

Feudaler geht es zu auf der Promenade in **St. Peter Bad**. Auch hier laden Geschäfte zum Shoppen ein, es ist aber immer auch ein Sehen und Gesehenwerden. ■ Plan S. 52 a2

Kinder

Kinderspielhaus Das ehemalige Feuerwehr-Gerätehaus bietet Platz zum Toben, Kuscheln und Spielen in einer familienfreundlichen Wohlfühlatmosphäre. ■ Dorfstr. 57, Anmeldung und Info-Tel. 04863/999221, Mo–Fr 10–16 Uhr, Plan S. 52 b3

Events

Die **Kitesurf-Masters** finden in der Regel im August am Ordinger Strand statt, es geht um den offiziellen Deutschen Meisterschaftstitel. ■ www.kitesurf-masters.de, Plan S. 52 a1–a3

Das **Drachenfestival**, ein kostenloses Familienspektakel meist Anfang Sept., bietet metergroße Drachenexponate aus aller Welt, beeindruckende Vorführungen und eine Nachtflugshow, Fallschirmspringer sowie noch vieles andere mehr. ■ www.drachenfestival-on-tour.de, Plan S. 52 a1–a3

Sport

Surfen St. Peter-Ording ist ein Hotspot für Surfer. Im X-H2O-Zentrum können Kurse gebucht oder das Material ausgeliehen werden. Es gibt auch Angebote fürs Segeln, Kitesurfen und Stand-up-Paddeln sowie eine Szenebar. ■ Ordinger Strand, Tel. 0175/2488424 oder 04863/478800, www.x-h2o.de, Plan S. 52 a2

Im Blickpunkt

Als Strandpilot im Sand

Das Strandsegeln hat in St. Peter-Ording eine lange Tradition. Die Wind- und Sandbodenverhältnisse sind nahezu ideal. Dabei erreichen die dreirädrigen Flitzer Geschwindigkeiten von über 100 km/h. Selbst Anfänger schaffen schnell 60 km/h. Gelenkt wird das Fahrzeug übrigens mit den Füßen.

Im Juli und August gelten wegen des großen Touristenaufkommens eingeschränkte Zeiten. Ansonsten wird das ganze Jahr über auf den südlichen Sandbänken gesegelt.

www.nordwind-wassersport.de, Tel. 04346/5955

16 Westerhever

Rot-weißer Leuchtturm, umgeben von Salzwiesen, riesige Sandbank

Information

■ Tourismusverein Westerhever-Poppenbüll e.V., 25881 Westerhever, Tel. 04865/1206, www.westerhever-nordsee.de

Die Spitze der Halbinsel Eiderstedt war einst eine eigene Insel, die oft bei Sturmfluten »Land unter« meldete. Deswegen befinden sich dort heute ungewöhnliche viele Häuser auf Warften. Mitte des 14. Jh. lebten hier auch berüchtigte Piraten. Ihre Warft wurde zerstört, die Steine verwendete man als Baumaterial für den Kirchturm. Heute ist vor allem der Leuchtturm mit seiner vorgelagerten Sandinsel ein beliebtes Ausflugsziel.

Sehenswert

Leuchtturm Westerheversand
| Landmarke |

10 *Schmuckes Wahrzeichen der Halbinsel Eiderstedt*

Der von zwei exakt gleich gebauten Wärterhäuschen flankierte Leuchtturm wurde 1906 auf einer Warft errichtet – mit großem technischen Aufwand, da er wie viele andere Gebäude der Küste auf Wattboden steht, der zum einen nachgibt, zum anderen immer noch »arbeitet«. Heute wird sein starkes Feuer von Tönning aus überwacht. Die Wärterhäuschen dienen als Unterkunft für junge Menschen, die in ihrem freiwilligen ökologischen Jahr Naturschutzaufgaben verrichten. Sie informieren auch über die Flora und Fauna an der Nordsee und geben Tipps zur Vogelbeobachtung. Eine riesige Sandbank befindet sich vor dem Leuchtturm – eine echte Gelegenheit für alle, die an der Nordsee Sandstrand ganz für sich haben wollen.

■ Wer den Leuchtturm besteigen möchte, muss das Ticket am Info-Hus am kostenpflichtigen Parkplatz kaufen, 4 €, erm. 2 €

Einkaufen

Schäferladen Kurz vor dem Start der Wanderung zum Leuchtturm (s. o.) passiert man eine Schäferei. Der angegliederte kleine Laden bietet neben Snacks und Erfrischungen auch Produkte wie Lammfelle, Socken oder Wolldecken.

ADAC Mobil

Sie mögen das Geklapper von Pferdehufen auf den Steinen und fahren gerne Kutsche? Dann sollten Sie eine **Kutschfahrt** zum Leuchtturm buchen. Sie kann telefonisch vereinbart werden.
Kontakt: Jens Wallert, Tel. 0162/ 130 87 78; April–Okt. bei gutem Wetter ab 10 Uhr tgl. ab Parkplatz Westerhever

Wandern

Vom Leuchtturm wandert man durch die Salzwiesenlandschaft mit ihren vielen Vögeln und vereinzelten Blüten. Man watet durch ein Stück Watt bis zur Sandbank, die durch den Rettungsturm schon von Weitem zu sehen ist. Der Strand ist nicht bewacht, aber man genießt den Blick in die unendliche Weite. ■ Auf dem barrierefreien Weg ist man zu Fuß 30–45 Min. (einfach) unterwegs. Vor Ort kann man sich auch Räder oder Bollerwagen ausleihen oder mit der Kutsche fahren (s. ADAC Mobil, s. o.). Parken im Sommer 4 €/Tag, im Winter 1 €

17 Garding

Mittendrin – im geografischen Zentrum der Halbinsel Eiderstedt

Information

■ Tourist-Information, Markt 26, 25836 Garding, Tel. 048 62/469, Mo–Fr 9–17, Sa 10–13 Uhr

Garding erhielt bereits im Jahr 1590 Stadtrechte, und so blickt man hier auf eine reiche Geschichte zurück. Blaue Stadterzählschilder führen Besucher auf einem Spaziergang zu den historischen Sehenswürdigkeiten und Plätzen des Ortes. Ein bei der Tourist-Information erhältlicher Stadtplan listet die einzelnen Punkte auf.

Sehenswert

Theodor-Mommsen-Haus

| Museum |

Gardings berühmtester Sohn ist der aus einer Pfarrerfamilie stammende Historiker und Literatur-Nobelpreisträger Theodor Mommsen (1817–1903). Er gilt als einer der bedeutendsten Altertumsforscher seiner Zeit – vor allem seine Werke zur römischen Geschichte waren und sind bis heute von grundlegender Bedeutung. Neben seinem Geburtshaus kann auch eine Gedenkstätte besichtigt werden.

■ Markt 5, Juni–Aug. Di–Fr 8.30–11.30, Sept.–Mai 15–17 Uhr und n. V., Eintritt frei

Altes Rathaus

| Künstleratelier |

In diesem Zentrum für Kunst und Kultur präsentieren mehrmals im Jahr Künstler der Gruppe KunstKlima verschiedene Ausstellungen. Außerdem gibt es Dauer-Exponate. Für Kinder bietet das Kinder-Werkstatt-Atelier regelmäßig Kurse.

■ Förderverein für Kunst und Kultur Eiderstedt e.V., Enge Str. 5, www.kunstklima.com, April–Okt. Do–So 15–18 Uhr

Restaurants

€ | **Kerlins Kupferpfanne** »Schweizer Bratkartoffeln« in allen Variationen serviert Günter Kerlin. Dazu gibt es immer einen guten Tropfen. ■ Fischerstr. 1, Tel. 048 62/256, www.kerlins-kupferpfanne.de, Do–Di 11–22 Uhr

Kneipen, Bars und Clubs

Lütt Matten Jeden Samstag Livemusik, kleiner Imbiss. ■ Enge Str. 15, www.luettmatten-garding.de, tgl. außer Mi ab 17, So ab 10 Uhr

18 Tönning

Idealer Ausgangspunkt für Aktivitäten auf Eiderstedt, hübscher Hafen

Information

■ Tourist- und Freizeitbetriebe Tönning, Am Markt 2, 25832 Tönning, Tel. 048 61/614 20, www.toenning.de, Mo–Fr 9–17, Sa 10–12 Uhr

Tönning liegt direkt vor der Eidermündung und zeigt mit seinen farbenprächtigen Fischerhäuschen ein maritimes Flair. Von der traditionsreichen Stadtgeschichte zeugen noch viele Gebäude – Tönning war einst die Zweitresidenz der Gottorfer Herzöge. Das Skipperhus mit seinem Glockenturm oder die kleine Holzschiffwerft sind nur zwei Beispiele. Wer mag, kann sich aber auch einfach ans Eiderufer legen und die gute Luft genießen.

Sehenswert

Historischer Hafen

| Hafen |

Ein hübsches Bild bietet der Hafen mit seiner Klappbrücke, wohin man vom Fluss aus durch einen Stöpe (Durchlass) kommt. Bei einem Spaziergang im

ADAC Mobil

Wer sein Auto stehen lassen möchte oder gar keines mitgebracht hat, kann die Stadt gut zu Fuß erkunden. Für Räder gibt es viele Verleihstationen. Zudem verkehrt der **RufBUS** auf einer festen Strecke, wenn er telefonisch bestellt wird. In Garding oder Katharinenheerd kann man in die Bahn umsteigen.
RufBUS Tel. 048 62/10 00 88

Hafen, der 1613 erbaut wurde und in seiner damaligen Form erhalten blieb, geht es beschaulich zu: Idyllische Cafés und Restaurants flankieren die teils mit Kopfsteinpflaster liebevoll anmutende kleine Straße um den Hafen. Von der weißen Brücke blickt man auf die Boote. Von dort kann man auch über den rund 40 m langen »Ehebrechergang« gehen, über den der Legende nach einst die Männer »flohen«, nachdem sie die Fischerfrauen getröstet hatten.

Packhaus

| Ausstellung |

Der ehemalige Speicher erinnert an die Zeiten, als Tönnings Hafen Anlegeplatz für jene Schiffe war, die Eiderstedts landwirtschaftliche Überproduktion nach Westeuropa brachten. Tausende Rinder und Schafe warteten auf ihre Verladung. Heute findet man dort unter anderem eine Ausstellung zur Stadtgeschichte. Zur Weihnachtszeit verwandelt sich das Packhaus in den längsten Adventskalender der Welt – dann werden die vielen Fenster und Lagertüren zu Adventstürchen.

■ Am Eiderdeich 18, www.packhaus-toenning.de, Ausstellung: Tel. 048 61/1646, Mai–Sept., Mi–So 14.30–17.30 Uhr

Multimar Wattforum

| Museum |

4 *Schauen und Staunen über das Wattenmeer und seine Bewohner*

Das größte Informationszentrum für den Nationalpark Schleswig-Holsteinisches Wattenmeer zeigt in 37 großen Aquarien eine einzigartige Sammlung der in diesem Lebensraum heimischen Fauna, insgesamt mehr als 280 Arten von Fischen, Krebsen und Muscheln. Höhepunkt ist das Störbecken, das sich über zwei Etagen erstreckt und wie ein Amphitheater anmutet. Besucher können sich hier nicht nur die Naturgewalten erklären lassen, sondern auch aktiv mit dem Wasser experimentieren. Imposant ist das Skelett eines 18 m langen, 1996 gestrandeten Pottwals.

■ Dithmarscher Str. 6a, Tel. 048 61/962 00, www.multimar-wattforum.de, April–Okt. 9–18, Nov.–März 10–17 Uhr, 9 €, erm. 6 €

Gefällt Ihnen das?

Wenn Sie sich für das artenreiche Wattenmeer und seine Bewohner interessieren, gibt es an der Nordseeküste noch zahlreiche weitere Gelegenheiten, sich in kleineren Informationszentren darüber zu orientieren – beim **Leuchtturm Westerheversand** (S. 54) wie in **Husum** (S. 64) oder auf der **Hallig Hooge** (S. 78).

P Parken

Kostenlose Parkplätze gibt es am Eidersperrwerk. In Tönning parkt man am Wattforum oder am Rathaus. Eine Ladestation für E-Bikes gibt es Am Stiftweg und am Multimar Wattforum.

Restaurants

€–€€ | Goldener Anker Direkt am Hafen gelegen, mit Terrasse zum Wasser, gibt es hier Fischgerichte in vielen Variationen. ■ Am Hafen 32, www.hotel-goldener-anker.de, Tel. 048 61/210, tgl. 8–10, 11–14 und 17–22 Uhr (So durchgehend)

Cafés

Bistro und Café Alte Werft Mit Biergarten, Strandkörben und Blick auf den historischen Holz-Segler »La Paloma«. ■ Direkt am Hafen gelegen (ehemalige Dawartz-Werft), Am Eiderdeich 19

Schankwirtschaft Wilhelm Andresen Rhabarberschorle oder Fliederbeersaft, »Tote Tante«, Matjesbrot, vor allem aber der berühmte, selbstgemachte Eiergrog kommen hier auf den Tisch. Dabei steht die Schankwirtschaft in langer Tradition, das Reetdachhaus ist eine beliebte Einkehrstätte und inzwischen ein echter Kultplatz auf Eiderstedt. Im Winter bollert der Kachelofen herrlich in der Schankstube, im Sommer sitzt man draußen und genießt den weiten Blick. Die Einrichtung der romantischen Kate, die idyllisch direkt hinterm Deich liegt, hat etwas Museales. ■ Katingsiel 4, Tel. 048 62/370, www.schankwirtschaft-andresen.de, Mitte Feb.–Ende März Sa, So 12–22, April–Nov. tgl außer Mo 12–22 Uhr

Einkaufen

Depot Freihafen Alles rund um regionale, maritime Produkte. An- und Verkauf, nett zum Stöbern. Außerdem gibt es kleine, wechselnde Ausstellungen. ■ Neustadt 19, www.depot-freihafen.de, Fr–Mo 11–17 Uhr

Erlebnisse

An sechs Terminen im Jahr heißt es für alle Interessierten **Ran an die Krabbe!** Dann kann man die Kunst des Krabbenpulens im Packhaus erlernen. Dazu gibt es Musik vom Shanty-Chor und einen Krabbenpul-Wettbewerb.
■ www.toenning.de

19 Lunden

Übergang zwischen Salz- und Süd-wasser mit einzigartiger Natur

Information

■ Tannenweg 2 a, 25774 Krempel (Dithmarschen), Tel. 048 82/610 10, www.gemeinden-lunden-lehe-krempel.de

Zwischen Tönning und Nordfeld bieten sich eindrucksvolle Ein- und Ausblicke auf dem rund 20 km langen Deichwanderweg. Der Ort liegt auf einer Sanddüne, die sich mitten durch die Marsch bis hin zur Eider erstreckt.

Sehenswert

St. Laurentiuskirche
| Kirche |
Die größte Sehenswürdigkeit des Ortes ist die St. Laurentiuskirche (12. Jh., erweitert 1471). Wohl um das Jahr 1100 wurde auf einer hohen Sanddüne als Zufluchtsort vor Sturmfluten der erste Kirchenraum errichtet. Zwei verheerende Brände hat das Gebäude überstanden. Seine heutige Gestalt erhielt das Gotteshaus 1834 nach dem zweiten Brand. Die Orgel ist ein Meisterwerk aus dem Jahr 1839.
■ Führungen, Info im Kirchenbüro, Claus-Harms-Str. 10, Tel. 048 82/360

Ein Ensemble schöner Renaissancebauten ziert das Herrenhaus Hoyerswort

Geschlechterfriedhof

| Friedhof |

Nicht Feudalherren, sondern einflussreiche Bauerngeschlechter haben diese Gegend als freie Bauernrepublik von 144 bis 1559 regiert, unabhängig von der Herrschaft fremder Fürsten und Herzöge. Davon zeugt dieser Friedhof noch heute.

■ Claus-Harms-Straße, www.kirchengemeinde-lunden.de

NaTourCentrum

| Museum |

11 *Schritt für Schritt zu einem besseren Naturverständnis*

In einer Multimedia-Schau und an Hightech-Terminals bietet das NaTourCentrum Besuchern die Möglichkeit, die Einflüsse des Meeres auf die Eider-Treene-Sorge-Region nachzuvollziehen. Von hier geht es zum Naturlehrpfad mit Marsch, Flussmäander, Mooren und Nehrungsdüne.

■ Das Naturschutzgebiet ist ganzjährig öffentlich zugänglich, erreichbar über die Straße Moorweg; Ausstellung: www.museum-lunden.de

Restaurants

€–€€ | **Lindenhof** Bekannt für kreative Gerichte und günstige Weine – Küchenchef Tjark Peter Maaß sammelte zuvor in unterschiedlichen Sterne-Restaurants Erfahrung als Koch, darunter dem Adlon in Berlin. Verwendet werden vorwiegend regionale Produkte. Schöne Raumgestaltung. Es gibt auch stilvolle Gästezimmer. ■ Friedrichstr. 39, Tel. 04882/407, www.lindenhof1887.de, Mi–Mo 11.30–13.30 und 18–21 Uhr

In der Umgebung

Herrenhaus Hoyerswort

| Architektur |

Einer der schönsten Renaissancebauten Schleswig-Holsteins ist das etwas in die Jahre gekommene Herrenhaus Hoyerswort, 15 km südöstlich von Lunden. Der im 16. Jh. errichtete Bau war einst der einzige Adelssitz auf Eiderstedt. Die imposante Anlage mit der Haubarg-Scheune und dem doppelten Wassergrabensystem steht heute unter Denkmalschutz. Ein kleines Museum erzählt die Geschichte des Hauses, Eiderstedts und Schleswig-Holsteins. Außerdem werden zahlreiche Veranstaltungen angeboten, es gibt ein Café, eine Töpferei und Ferienwohnungen.

■ 25870 Oldenswort, Tel. 04864/2039838, www.hoyerswort.de, Di–So 11–18 Uhr, Jan., Feb. nur am Wochenende, Mi Hausführungen 2,50 €, tel. anmelden

Übernachten

Das Beach Motel in St. Peter-Ording – ein großes Haus im Surfer-Stil, das vermehrt auch junge Menschen anzieht – war vielleicht die spektakulärste Betten-Neuerung der Region. Aber längst nicht die einzige: Es gibt einige besondere Häuser – ob preiswert oder luxuriös, die Spanne ist groß.

Büsum 44

€ | **Strandkorb-Übernachtung** In der Sommersaison den Sternenhimmel beobachten. Dafür stehen an der Perlebucht vier Schlaf-Strandkörbe zur Verfügung. ■ Tel. 04834/909110

€€ | **Jess am Meer** Familiäre Atmosphäre bietet das Hotel Jess mit hellen Zimmern und einer Sauna. ■ Dithmarscher Str. 28, 25761 Büsum, Tel. 04834/7004210, www.jess-am-meer.de

€€ | **Küstenperle** Vier-Sterne-Strandhotel direkt an der Perlebucht. Helle Zimmer, Wellness und Spa. ■ Dithmarscher Str. 39, 25761 Büsum, Tel. 04834/962110, www.hotel-kuestenperle.de

€€ | **Lighthouse** Der neue Stern an Büsums Hotelhimmel hat gleich die ganze Ansicht des Hafens umgekrempelt. Im frisch-jungen Stil errichtet, liegt das Lighthouse zentral und zeigt sich sehr stylish. ■ Am Museumshafen 11, 25761 Büsum, Tel. 04834/98420, www.hotel-lighthouse.de

Helgoland 46

€€ | **Hotel auf den Hummerklippen** Modernes Designhotel, direkt am Klippenrand mit Panoramablick über Insel und Meer. Abends Lesungen mit Tee und Scones. ■ Am Falm 302, 27498 Helgoland, Tel. 04725/81400, www.hotel-hummerklippen.de

Wesselburen 48

€ | **Katzenschlösschen** Wohnungen und Zimmer in der ehemaligen Villa Assmus. Kein Frühstück. ■ Lollfuß 2, 25764 Wesselburen, Tel. 0151/70335263, www.katzenschloesschen-wesselburen.de

St. Peter-Ording 50

€ | **DünenZeit** Günstige Bio-Apartments in einer ruhigen Sackgasse im Ortsteil Dorf. ■ Dünenweg 13, 25826 St. Peter-Ording, Tel. 04863/4000, www.duenenzeit-nordsee.de

€€ | **Beach Motel** Direkt am großen Strandparkplatz hinterm Deich gelegen, der Hotspot für Surfer, Städter, Szenemenschen. ■ Am Deich 31, 25826 St. Peter-Ording, Tel. 4863/90800, www.beachmotel-spo.de

Tönning 55

€€ | **Biohotel Miramar** Erstes zertifiziertes Biohotel in Schleswig-Holstein. ■ Westerstr. 21, 25832 Tönning, Tel. 04861/9090, www.biohotel-miramar.de

Lunden 57

€€ | **Hotel Lindenhof** Kleines, sehr feines Hotel für Genießer. ■ Friedrichstr. 9, 25774 Lunden, Tel. 04882/407, www.lindenhof1887.de

In der Mitte: Husum, Pellworm und die Halligen

Lauter Kontraste: Storms Husum als trubelige Küstenmetropole, verträumte Grachten im quirligen Friedrichstadt und einsame Halligen

Die Nordseeküste zwischen Friedrichstadt und dem Beltringharder Koog ist eine Landschaft der Kontraste. Auf der einen Seite finden wir anheimelnde Grachten und Klein-Holland in Friedrichstadt, dort den atmosphärischen Hafen von Husum und dann noch die einsamen Halligen. Letztere wirken mit ihren ins Wattenmeer hinausragenden Warften wie Boten aus einer anderen Zeit. Schon bevor der Wetterbericht vor »Land unter« warnt, wissen Alteingesessene auf Hooge & Co. längst, dass eine Sturmflut droht. Das mag dann die spektakulärste Zeit auf den Halligen sein – die schönste ist der Spätsommer, wenn das Meer noch warm genug zum Baden ist, der Strandhafer lila leuchtet, aber nur noch wenige Besucher kommen.

So ein einsames Halligleben ist nicht jedermanns Sache: Selbst die Insel Pellworm wird manchem schnell zu klein. Genau dafür gibt es in Husum Abhilfe, denn die Stadt mit den bunten Häusern und dem lebendigen Markt bietet viel Abwechslung. Hier wurde der Dichter Theodor Storm nicht nur geboren – hier verbrachte er auch den Großteil seines Lebens. Überall finden Besucher Hinweise auf sein Wirken, und wer in diese Gegend reist, wird sich gern in Storms literarische Fußstapfen begeben. Aber auch die kulinarischen Genüsse – Krabben essen! – kommen nicht zu kurz, und dann will man ja auch noch die Natur ausgiebig genießen: bei einer ornithologischen Tour durch den Beltringharder Koog etwa oder auf einer Wattwanderung nach Nordstrandischmoor. Dabei bieten sich einzigartige Erlebnisse – vor allem, wenn Tausende von Zugvögeln in den Salzwiesen und im Watt rasten. Es ist eben immer wieder die Küste, die den Reisenden hierher lockt.

In diesem Kapitel:

ADAC Top Tipps:

5 Friedrichstadt

| Stadtbild |

Eine »holländische« Stadt in Schleswig-Holstein: mit hübschen Grachten, prächtigen Giebelhäusern und verträumten Restaurants. 62

6 Theodor-Storm-Haus, Husum

| Museum |

Das einstige Haus des Schimmelreiter-Autors gibt dem Besucher auch gleich einen guten Eindruck vom noblen Wohnen in Storms Zeit. 65

ADAC Empfehlungen:

12 Schloss vor Husum

| Schloss |

Das einzige Schloss an Schleswig-Holsteins Nordseeküste ist vor allem zur Krokusblüte einen Besuch wert. 70

13 Kutschentour

| Naturerlebnis |

Mit dem Pferdewagen durchs Wattenmeer – ein echtes Erlebnis für die ganze Familie. 74

14 Wattwanderung

| Wanderung |

Mit dem Postboten als Begleitung unterwegs zur Hallig Süderoog erfährt man so manche Anekdote. 75

15 Beltringharder Koog

| Landschaft |

Die große Lagune gleich hinterm Deich bietet Naturfreunden, Ornithologen und Hobby-Vogelkundlern beste Aussichten. 76

16 Nordstrandischmoor

| Hallig |

Eintauchen in eine andere Welt: mit vier Warften, 20 Bewohnern und einer Gaststätte. 79

20 Friedrichstadt

5 *Bezaubernde Holländerstadt mit Charme, Flair und Grachten*

Information

■ Tourismusverein Friedrichstadt und Umgebung e.V., Am Markt 9, 25840 Friedrichstadt, Tel. 048 81/939 30, www.friedrichstadt.de

Im 17. Jh. ließ Herzog Friedrich III. von Gottorf holländische Glaubensflüchtlinge eine Grachtenstadt errichten, um so am Zusammenfluss von Treene und Eider einen mächtigen Hafen zu bekommen. Der Plan ging nicht ganz auf, aber auch ohne Hafen hat Friedrichstadt jede Menge Charme und Flair. Von den alten Zeiten zeugen u. a. die klassizistische Remonstrantenkirche sowie die ehemalige Synagoge (Am Binnenhafen 17, heute ein Ort für Veranstaltungen). In Friedrichstadt haben auch viele Maler, Bildhauer und Kunsthandwerker ihre Ateliers. Bei einem Rundgang durch das historische Zentrum trifft man auf Töpfereien, Goldschmiede und Fayencenmaler. Im Internet gibt es einen interaktiven Kultourguide (www.friedrichstadt.de/de/kultour-guide). Ein ganz besonders schönes Erlebnis ist eine Grachtenfahrt (www.grachtenschiffahrt.de).

ADAC Mobil

Zwischen Bargen und Delve hat der Heimatverein die bereits seit dem Jahr 1554 bestehende Fährverbindung wieder aufleben zu lassen. Neben der normalen Überfahrt sind vor allem Dämmerungs- und Naturerlebnisfahrten mit der **Bargener Fähre** ganz besonders stimmungsvoll. *Fährzeiten: Mai–Sept. Sa, So, Feiertage 10–19 Uhr, www.bargener-faehre.de, 1 €, erm. 50 Cent*

Sehenswert

Marktplatz

| Platz |

Mit seinen Treppengiebelhäusern ist der Marktplatz wohl der schönste der Umgebung. Sehenswert ist vor allem das Haus Nummer 16 mit seinem Engelskopf. Viele Häuser haben hier noch mittelalterliche Hausmarken als Vorläufer der heute üblichen Hausnummern. In der Mitte des Platzes steht ein blaues Brunnenhäuschen, verziert mit Versen des Dichters Klaus Groth.

■ Am Markt

Tischlermuseum

| Museum |

Eine original erhaltene Tischlerwerkstatt aus dem Jahr 1876 findet sich als museales Kleinod in der Holländerstadt. Heute arbeitet dort ein Restaurator.

■ Ostermarktstr. 15, www.tischlerei museum-friedrichstadt.de, Juni–Sept. Mo–Sa 11.30–16 Uhr (je nach Ferienzeiten verschieden), 2,50 €, Kinder frei

Alte Münze

| Museum |

Gilden, Handel, Familienalltag im historischen Friedrichstadt werden hier dargestellt, außerdem die religiöse Vielfalt. Im Seitenteil findet sich die Mennonitenkirche. Münzrecht hatte Friedrichstadt übrigens nie, das Haus diente vor allem als Amtssitz.

■ Am Mittelburgwall 23, Tel. 048 81/874 22, Juni–Sept. Di–So 11–17, April, Mai und Okt. Di–So 12–16 Uhr

Modellbahnmuseum

| Museum |

Schleswig-Holsteins größte Modelleisenbahn-Schauanlage erfreut nicht nur Kinderherzen.

■ Brückenstr. 18, Tel. 048 81/93 88 58, www.modellbahn-zauber.de, April–Okt. tgl. 11–17, Nov. Sa, So 11–17, 27.12.–3.1. tgl. 11–17 Uhr, Jan.–April geschl., 7,50 €, erm. 5 €

Restaurants

€–€€ | **Holländische Stube** In diesem Haus aus dem 17. Jh. lässt es sich gut Waffeln essen. Schöne Sitzplätze an der Gracht. ■ Am Mittelburgwall 24–26, Tel. 048 81/939 00, www.hollaendische stube.de

Einkaufen

Kaffee Kontor Fein geröstete Kaffeespezialitäten aus aller Welt in einem kleinen, nostalgisch anmutenden Laden. ■ Am Markt 8, www.kaffee-nf.de, Tel. 048 81/93 67 38

Sport

Kaum ein anderes Revier eignet sich besser für Kanufahrten. ■ Kanu Kunterbunt, Tel. 048 81/93 77 78, www.kanu-kunterbunt.de; Eider-Treene-Campingplatz, Tel. 048 81/400, www.treenecamp.de

21 Bergenhusen

Das Storchendorf verströmt noch eine bäuerliche Atmosphäre

Information

■ Amt Kropp-Stapelholm, Am Markt 10, 24848 Kropp, Tel. 046 24/720, www.storchendorf-bergenhusen.de

Im trauten Nest: Weißstorchenpaar in Bergenhusen

Etwa 17 km östlich von Friedrichstadt liegt Bergenhusen, das sich auch überregional als Storchendorf einen Namen gemacht hat. Bis zu 20 Weißstorchenpaare ziehen dort jedes Jahr im Frühjahr ihre Jungen groß.

Sehenswert

Michael-Otto-Institut

| Ausstellung |

Im Michael-Otto-Institut des NABU informiert eine Ausstellung über die Vögel, bietet Exkursionen an und unterhält zudem eine Auffangstation für kranke Exemplare.

■ Goosstroot 1, Tel. 048 85/570 15, www.bergenhusen.nabu.de, März–15. Sept. 10–18 Uhr, 3 €, erm. 1 €

22 Husum

Bunte Stadt am Meer mit vielen Museen

Die malerische Kulisse des Husumer Hafens lädt zum Flanieren ein

Information

- Tourismus und Stadtmarketing Husum, Großstr. 27, 25813 Husum, Tel. 048 41/ 898 70, www.husum-tourismus.de
- Parken: siehe S. 71

Theodor Storm ist der berühmteste Einwohner der Stadt. So wandelt man nicht nur im Storm-Haus auf seinen Spuren – auch an vielen anderen Häusern weisen Schilder auf bedeutende Lebensstationen des Dichters hin. Ein blaues Band, eingelassen in das Pflaster, führt zu den wichtigsten Orten und zitiert dabei eines seiner Gedichte. Aber warum Storm einst Husum als graue Stadt am Meer bezeichnete, ist nicht mehr recht nachzuvollziehen – jedenfalls nicht bei Sonnenschein: Bunte Giebelhäuser, kleine Fischerboote im Hafen – der erste Eindruck von dieser schmucken Stadt ist alles andere als grau. Nach der als »Grote Mandränke« bezeichneten Sturmflut im Jahr 1362, die bis weit ins Marschland vordrang, hatte die nördlich der Halbinsel Eiderstedt gelegene kleine Siedlung »Husembro« auf einmal einen direkten Zugang zum Meer und konnte sich zur bedeutendsten Ansiedlung der Region entwickeln. Das heutige Husum ist nach Büsum auch die wichtigste Krabbenstadt an der Nordsee.

Plan
S. 66/67

Sehenswert

1 Marktplatz

| Platz |

Ein guter Ausgangspunkt für die Erkundung der Stadt ist der von repräsentativen Bürgerhäusern aus dem 16. und 17. Jh., dem Alten Rathaus sowie der Marktkirche umstandene Marktplatz. Eiserne Skulpturen von Kühen erinnern daran, dass Husum einst auch das größte Viehhandelszentrum an der Küste war. Den Brunnen auf dem Platz ziert die Bronzefigur einer friesischen Fischersfrau, genannt »Tine«. Zweimal die Woche (Do 7–13, Sa 9–16 Uhr) findet hier ein großer Wochenmarkt statt.

2 Nordfriesland Museum/ Nissenhaus Husum

| Museum |

Wer mehr über vergangene Sturmfluten, die sagenumwobene untergegangene Siedlung Rungholt, über Küstenschutz und das Leben auf den Halligen, den Deichbau und die Landgewinnung sowie über die Sozial-, Kunst- und Kulturgeschichte Nordfrieslands wie der Stadt Husum erfahren möchte, ist hier genau richtig.

■ Herzog-Adolf-Str. 25, Tel. 048 41/25 45, www.museumsverbund-nordfriesland.de, Mitte Juni–Mitte Sept. Mo–So 10–17, sonst 11–17 Uhr, 5 €, ADAC Mitglieder 3,50 €

3 Schifffahrtsmuseum Nordfriesland

| Museum |

Wie die Menschen in dieser Region einst auch vom Walfang lebten, erfährt man im Schifffahrtsmuseum. Zudem geht es hier um den Holzschiffbau und die Seenotrettung; auch eine große Auswahl an Buddelschiffen ist in diesem Museum zu besichtigen.

■ Zingel 15, Tel. 048 41/52 57, www.schifffahrtsmuseum-nf.de, tgl. 10–17 Uhr, 4 €, erm. 2 €, letzter So im Monat Eintritt frei

4 Theodor-Storm-Haus

| Museum |

6 *Sitz der Storm-Gesellschaft und Museum zu Dichter und Werk*

In diesem im Jahr 1730 mit 14 Zimmern errichteten Husumer Kaufmannshaus wohnte Theodor Storm (siehe »Im Blickpunkt« S. 68) in den Jahren 1866 bis 1880. Das Treppenhaus, die Flure, Decken und Türen so-

Husum
10 Seebrücke Schobüll (5 km)
Friedens-kirche
A.-Brütt-Straße
Am Fischerhaus
Adolf-Brütt-Straße
Voigtstr.
Neuapostol. Kirche
Jahn-Sportpatz
Adolf-Brütt-Straße
Matthias
Deich-straße
Stadtweg
Otto-Schwartz-Weg
Magnus-Voß-Str.
Marktstraße
Tönnies-St.
Erichsen Weg
Stadtweg
Brüggemannstr.
Treibweg
Ferdinand-
Hinter der Neustadt
Kreiskrankenhaus
Nord Kongresshalle
Heckenweg
Brinck-
Parkstr.
Neustadt
Wasserturm
SCHLOSSPARK
Friesenstr.
Brüggemannstr.
Nordhusumer Straße
Theodor-
Theodor Storm Denkmal
König-Friedrich V.-Allee
9 Schloss vor Husum
Erichsen Weg
Porenkoogsweg
Nedderweg
Gurlittstr.
WEST-FRIEDHOF
Totengang
Neu-stadt
Schloßstraße
Asmussenstraße
8 Ostenfelder Bauernhaus
Quick-market
Schloßgang
Schulstr.
Theodor-Storm-Geburtshaus
Norder Straße
Historisches Rathaus
Nordbahnhof-Str.
Fischer-gang
Weihnachtshaus 7
Westerende
1 Markt-platz
Marienkirche
Süder- Str.
Herzog-Adolf-Straße
Großstraße
Krämerstr.
Langenharmstr.
Theodor-Storm-Haus
Hohle Gasse
Twiete
Schiff-brücke
Rote Pforte
Deichstraße
Fischer-gang
6 4
Ludwig- Nisser-
Zingel
Kleine Str.
Hafenstraße
Rathaus
3 Schifffahrts-museum
Nationalparkhaus Husum 5
Binnenhafen
Binnenhafen
Danck-werth-Str.
Porenkoogsweg
Dockkoogstr.
Am Außenhafen
Austieg
Damm
Am
Hafen Husum 6
Außenhafen
Gaswerkstr.
Rödemishallig
Poggenburg-straße
Husum Bahnhof
Wilhelmstraße
Simonsberger-straße
Beselerstr.
a b c
1 2 3 4 5

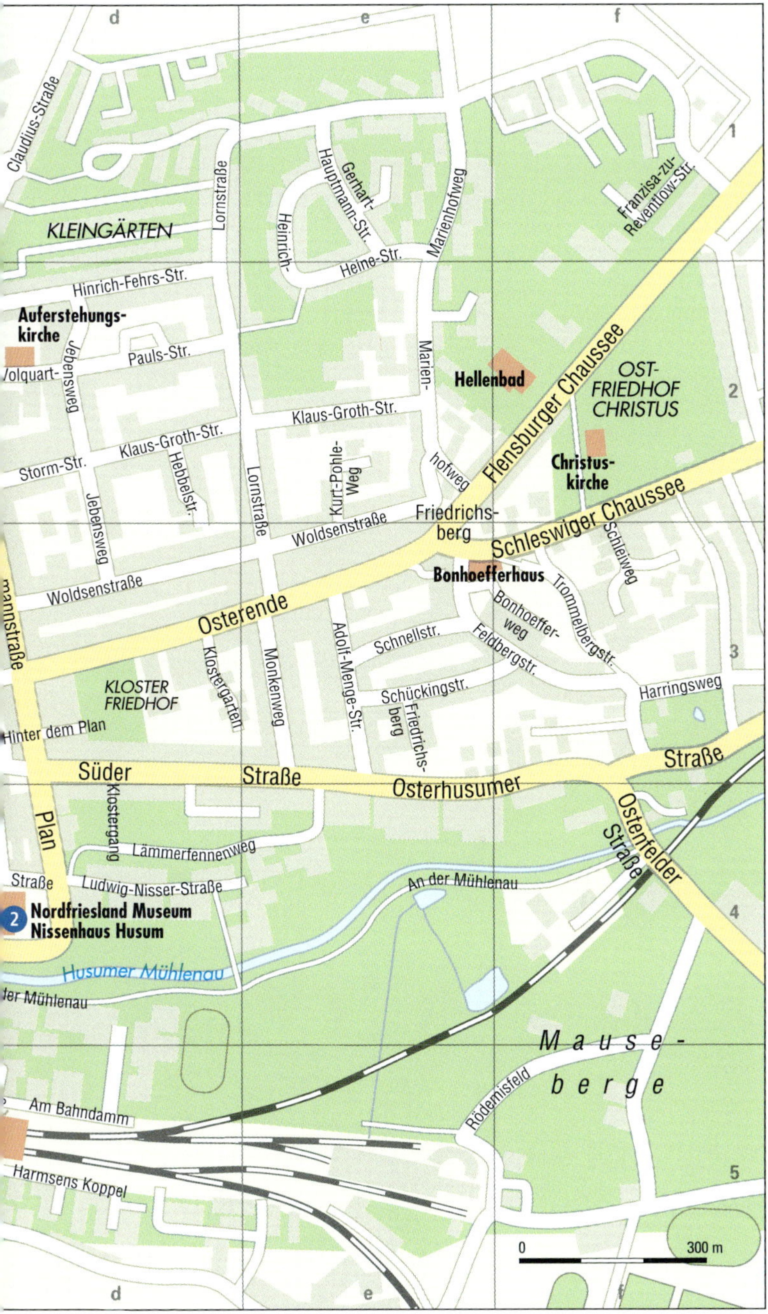

d
e
f
1
2
3
4
5
Claudius-Straße
KLEINGÄRTEN
Lornstraße
Heinrich-
Gerhart-
Hauptmann-Str.
Heine-Str.
Marienhofweg
Franzisa-zu-
Reventlow-Str.
Hinrich-Fehrs-Str.
Auferstehungs-
kirche
Pauls-Str.
Volquart-
Jebensweg
Marien-
Hellenbad
Flensburger Chaussee
OST-
FRIEDHOF
CHRISTUS
Klaus-Groth-Str.
Klaus-Groth-Str.
Storm-Str.
Hebbelstr.
Kurt-Pohle-
Weg
hofweg
Christus-
kirche
Jebensweg
Lornstraße
Woldsenstraße
Friedrichs-
berg
Schleswiger Chaussee
Schleiweg
Bonhoefferhaus
Woldsenstraße
Osterende
Adolf-Menge-Str.
Schnellstr.
Bonhoeffer-
weg
Trommelbergstr.
Feldbergstr.
Klostergarten
Monkenweg
KLOSTER
FRIEDHOF
Schückingstr.
Friedrichs-
berg
Harringsweg
Hinter dem Plan
Süder
Straße
Osterhusumer
Straße
Plan
Klostergang
Lämmerfennenweg
Ostenfelder
Straße
Straße
Ludwig-Nisser-Straße
An der Mühlenau
2
Nordfriesland Museum
Nissenhaus Husum
Husumer Mühlenau
der Mühlenau
Mause-
berge
Rödemisfeld
Am Bahndamm
Harmsens Koppel
0
300 m

Im Blickpunkt

Theodor Storm: Lyriker, Novellist, Jurist

»Er ist ein Meister, er bleibt.« So urteilte Thomas Mann über den 1817 in Husum geborenen Schriftsteller und Juristen Theodor Storm, der bis heute vor allem für seine erst wenige Monate vor seinem Tod (1888) vollendete Novelle »Der Schimmelreiter« bekannt ist: In dieser später mehrfach verfilmten, auf einer alten Sage basierenden Geschichte um den fiktiven Deichgrafen Hauke Haien geht es um den – hier tragisch endenden – Widerstreit zwischen Aberglaube und Rationalität, zwischen Tradition und Fortschritt. Zu Storms 200. Geburtstag im Jahr 2017 erschien mit dem von Christian Demandt und Philipp Theisohn herausgegebenen »Storm Handbuch« eine umfassende Analyse seines literarischen Schaffens. Dabei wird neben dem Werk und dessen Rezeptionsgeschichte auch auf biografische Bezüge eingegangen. Auf literarische Weise beschäftigt sich auch Jochen Missfeldt in seinem ebenfalls 2017 erschienenen Roman »Sturm und Stille« mit dem Leben Theodor Storms, der nach seinem Jurastudium in Kiel und Berlin in seiner Heimatstadt eine Anwaltskanzlei eröffnete und dort später als Landvogt (vergleichbar einem heutigen Amtsrichter) wirkte. Besonders interessiert ihn dabei die Geschichte einer (zunächst verbotenen) Liebe des Dichters: Schon bald nachdem Storm 1846 seine Cousine Constanze Esmarch geheiratet hat, verliebt er sich in die damals 18 Jahre alte Dorothea (Doris) Jensen, der er leidenschaftliche Gedichte widmet. Zwei Jahre später muss die Geliebte, wohl auf Druck der Familienoberen, Husum verlassen. Doch ihre Liebe überdauert Trennung und Zeit: Als Storms Frau 1865 nach der Geburt ihres siebten Kindes überraschend stirbt, finden Theodor Storm und Dorothea Jensen offiziell zueinander. Sie heiraten im Jahr 1866 und ziehen in das Haus Wasserreihe 31, das heutige Storm-Haus.

April–Okt. jeden 1. Di Stadtführung auf den Spuren von Theodor Storm, www.husum-tourismus.de

wie Teile des Mobiliars sind noch original erhalten – seit dem Jubiläumsjahr 2017 gibt es zudem ein neu eingerichtetes Schimmelreiter-Zimmer mit Hörstation.

■ Wasserreihe 31, Tel. 048 41/803 86 30, www.storm-gesellschaft.de, April–Okt. Di–Fr 10–17, Sa 11–17, So, Mo 14–17, Nov.–März Di, Do, Sa 14–17 Uhr, 3,50 €, erm. 2,50

5 Nationalparkhaus Husum

| Ausstellung |

Über die Vogelwelt und das Leben im UNESCO-Weltnaturerbe Wattenmeer (siehe »Im Blickpunkt«, rechts), für dessen Erhalt die Naturschutzverbände Schutzstation Wattenmeer und WWF tätig sind, informiert das Nationalparkhaus Husum. Hier werden auch Wattführungen und viele Mitmachaktionen angeboten. Zudem gibt es einen Weltladen mit Fairtrade-Produkten.

■ Hafenstr. 3, Tel. 048 41/66 85 30, www.nationalparkhaus-husum.de, Eintritt frei, Spende erbeten

6 Hafen Husum

| Hafen |

Genaugenommen hat Husum zwei Häfen: den alten Binnenhafen und den neueren Außenhafen. Während letzterer noch in Betrieb ist, fungiert der Binnenhafen als Museumshafen und Zentrum der Stadt. Dort trifft man sich im Sommer auf einen Kaffee und eine Friesentorte im Freien oder schlendert im Winter schnell vorbei auf dem Weg, eine schnelle Portion Krabben am Außenhafen zu kaufen. Der durch ein Sperrwerk geschützte Tidehafen fällt zur Ebbe trocken – dann sieht man hier die Schiffe auf Grund liegen.

■ Hafenstraße, www.hafenrundfahrt-husum.de

7 Weihnachtshaus

| Museum |

Der Clou an diesem ungewöhnlichen Museum, zu dem auch ein nostalgisches Ladengeschäft gehört, ist, dass es keineswegs nur um die Weihnachtszeit geöffnet ist, sondern das ganze Jahr über. Neben den mehreren Tausend Exponaten zu Themen wie Adventskalender und Baumschmuck findet man im Laden auch hübsches Handgemachtes zum Verschenken und Sichselberschenken.

■ Westerende 46, Tel. 048 41/668 59 08, www.weihnachtshaus.info, tgl. 11–17 Uhr, 3 €, erm. 1 €

Im Blickpunkt

UNESCO-Weltnaturerbe Wattenmeer

Als eines der weltweit wichtigsten gezeitenabhängigen Feuchtbiotope werden das deutsche, das niederländische und das dänische Wattenmeer von der UNESCO als grenzüberschreitendes Weltnaturerbe geschützt. Das insgesamt 11 500 km² große Areal – auch als Rastgebiet für jährlich 10–12 Mio. Zugvögel von globaler Bedeutung – ist die weltweit größte zusammenhängende Fläche aus Schlick- und Sandwatt. Zur reinen Wattfläche kommen noch weitere bedeutende Lebensräume wie Salzwiesen, Marschflächen, Dünen und Sandbänke hinzu. Als Ganzes birgt das geschützte Areal an Land wie im Wasser eine beeindruckende Vielfalt mit ca. 10 000 verschiedenen Pflanzen- und Tierarten.

www.wattenmeer-weltnaturerbe.de

Im Blickpunkt

Husumer Protestschwein

Diese vom Aussterben bedrohte Nutztierrasse soll ihren Namen der in Schleswig-Holstein lebenden dänischen Minderheit verdanken. Weil ihnen um 1900 das Hissen des Danebrog, der rotweißen Nationalflagge, verboten war, hielten sie als stillen Protest ein rot gefärbtes Schwein mit breitem weißen Querstreifen und dem Ansatz eines weißen Längsstreifens in ihren Gärten. Das offiziell »Deutsches Sattelschwein – Abteilung Rotbuntes Husumer Schwein« genannte Tier wurde 1954 als Rasse anerkannt. Es ging wohl aus einer Kreuzung der schwarz-weiß-gescheckten Holsteiner und Jütländer Marschschweine mit dem englischen Tamworth Schwein und den rot-weiß-roten Farbschlägen des Angler Sattelschweines hervor.

8 Ostenfelder Bauernhaus

| Museum |

Eine Vorstellung vom bäuerlichen Alltag in der damaligen Zeit ermöglicht dieses vor dem Jahr 1600 errichtete Reetdachhaus – das älteste Freilichtmuseum Deutschlands.

■ Nordhusumer Str. 13, Tel. 048 41/25 45, www.museumsverbund-nordfriesland.de, April–Okt. Di–So 14–17 Uhr, 2,50 €

9 Schloss vor Husum

| Schloss |

12 *Schloss, Park, Museum und wichtiges Kulturzentrum zugleich*

März und April sind wohl die besten Monate, um das Schloss zu besichtigen (»vor Husum« heißt es, weil es ursprünglich vor der Stadtgrenze erbaut wurde). Denn dann verwandelt sich dort Norddeutschlands größtes Krokusvorkommen in ein lila Blütenmeer. Das im Jahr 1577 errichtete Schloss diente den Herzögen von Schleswig-Holstein-Gottorf als Residenz, später auch mit Wohnräumen für den dänischen König. Das Museum zeigt diese Räume samt original erhaltener Kamine, Möbel, Gemälde. Das im Schloss untergebrachte Pole-Poppenspäler-Museum präsentiert eine umfangreiche Sammlung von Puppenspielfiguren aus aller Welt, Vorstellungen auf einem als fahrende Bühne genutzten Puppenspielerwagen inklusive. Im Dachstuhl des Schlosses gastieren Ausstellungen moderner Kunst; auch der Herzoginnengarten lohnt den Besuch.

■ König-Friedrich V.-Allee, Tel. 048 41/897 31 30, www.museumsverbund-nordfriesland.de; Schlossmuseum März–Okt. Di–So 11–17, Nov.–Feb. nur Sa, So; Poppenspäler-Museum März–Okt. Di–So 11–17 Uhr, Nov.–Feb. nur Sa, So, 5 €, erm. 2 €, (auch für ADAC-Mitglieder), Programminformation: www.pole-poppenspaeler.de

10 Seebrücke Schobüll

| Brücke |

Die Seebrücke befindet sich im nördlichen Husumer Stadtteil Schobüll und hat sogar eine kleine Aussichtsplattform am Ende. Von hier hat man einen schönen Blick über die Husumer Bucht ganz in der Nähe. Zudem kommt man vom überwiegend naturbelassenen Strandabschnitt bequem über die Brücke in die Nordsee – ein Liegeplatz zum Sonnenbaden, Strand-Dusche und Grillplatz sind vorhanden. Gezeitenunabhängig kann man im nahen, solarbeheizten Freibad Schobüll schwimmen.

Im nördlichen Ortsteil Halebüll gibt es einen zweiten kleinen Badesteg (Zugang: Altendorfer Straße).
■ Nordseestr. 35

P Parken

In der Innenstadt ist das Parken generell kostenpflichtig und nur schwer ein Parkplatz zu finden. Wer im Parkhaus am Binnenhafen (Plan S. 66/67 b4) parkt, bekommt gegen Vorlage des Parkscheins in einigen Läden und Cafés die Gebühr für die ersten zwei Stunden geschenkt. ■ www.parken-in-husum.de

Einkaufen

Hofladen Backensholzer Hof Im 14 km nordöstl. von Husum gelegenen Oster-Ohrstedt wird der seit Generationen in Familienhand befindliche Backensholzer Hof nach BIOLAND-Richtlinien geführt. Im Sommer weiden die Kühe auf der Hallig Gröde. Im Hofladen können Probierfreudige diverse Käsesorten kosten und kaufen. Zum Sortiment gehören auch Fleischspezialitäten etwa vom – hier in Erhaltungszucht aufgezogenen – Husumer Protestschwein (siehe »Im Blickpunkt«, linke Seite) und weitere Leckereien vorwiegend aus der eigenen Herstellung, die auch im Restaurant Hofküche probiert werden können. ■ Schwabstedter Damm 8, 25885 Oster-Ohrstedt, Tel. 046 26/185 80, www.backensholz.de, Mo–Fr 8–17, Sa 9–13 Uhr

Bühne

Kulturzentrum Speicher Ob Kabarett, Jazzfrühschoppen, Lesungen, Theateraufführungen oder Blueskonzerte – Kultur aller Art hat in Husum eine feste Adresse: das Kulturzentrum Speicher, atmosphärisch untergebracht in einem ehemaligen Getreidespeicher aus Backstein am Hafen. ■ Hafenstr. 17, Tel. 048 41/650 00, Programminformation: www.speicher-husum.de, Plan S. 66/67 b4

Feudale Ansicht: das Schloss vor Husum – heute ein lebendiges Kulturzentrum

Plan S. 66/67

Auch ein beliebtes Ausflugsziel mit Restaurant: Roter Haubarg in Witzwort

Restaurants

€€€ | Dragseths Gasthof Der älteste Gasthof der Stadt geht auf das Jahr 1584 zurück und ist eine kulinarische Institution in Husum. Friesische Küche auf hohem Niveau. ■ Zingel 11, Tel. 048 41/77 99 95, www.dragseths-gasthof.de, tgl. 11–14 und ab 17 Uhr, Plan S. 66/67 c4

Kinos

Filme ganz nostalgisch und komfortabel mit Bedienung an den Sitzplätzen bietet das größte Kino der Nordseeküste in Husum, besonders schön zu den Filmtagen, dem größten Filmfestival der Küste. ■ Neustadt 114, Tel. 048 41/25 69, www.kino-center-husum.de, www.husumer-filmtage.de, Plan S. 66/67 b2

In der Umgebung

Roter Haubarg

| Museum |

Stattlicher Bauernhof aus dem 17. Jahrhundert

Die aus Holland stammende Bauform »Haubarg« ist als großes bäuerliches Anwesen darauf angelegt, alles unter einem Dach zu vereinen: Vieh, Gesinde, Herrschaft. Heute gibt es nicht mehr viele solcher Höfe, und nur einer davon, der Rote Haubarg in Witzwort 12 km südöstl. von Husum, ist der Öffentlichkeit zugänglich. Idyllisch in der platten Landschaft gelegen, von Grachten und Lindenalleen umgeben, ist er heute ein beliebtes Ausflugsziel mit Restaurant und einem Museum, in dem der Besucher viel Wissenswertes über das frühere Leben auf einem solchen Hof erfährt. Eine Statue im Hof erinnert zudem an eine mit diesem Ort verbundene Sage, nach der hier einst der Teufel gehaust haben soll.

■ Sand 5, 25889 Witzwort, Tel. 048 64/845, www.roterhaubarg.de, Di–So 11–22 Uhr, Museum für Restaurantgäste frei

23 Hattstedt

Dänisch geprägtes Dorf mit Erinnerungen an Theodor Storm

Information

■ Touristinformation Hattstedt, Tel. 048 46/601 64 96, www.nordsee-urlaub-hattstedt.de

Theodor Storm hat sich oft in Hattstedt aufgehalten und den Ort mit seinen historischen Reethäusern auch in einigen seiner Werke beschrieben – vor allem die spitztürmige Kirche, die vielen Seeleuten als Landmarke diente. Im Juni 1866 heiratete er hier seine zweite Frau Dorothea: Die »Storm-Linden« am Lindenweg, dem Ort der Hochzeitsfeierlichkeiten, stehen noch heute.

Sehenswert

Mikkelberg

| Kulturzentrum |

Von der alten Holländermühle sind nur die unteren Geschosse erhalten geblieben, sie bilden nun das dänische Kulturzentrum Mikkelberg. Es ist ein Zentrum für Ausstellungen und Veranstaltungen dänischer Künstler, im Garten gibt es eine große Cricket-Anlage. Gesprochen wird überall Dänisch.

■ Am Mühlenberg 6, 25856 Hattstedt, Tel. 048 46/66 04, www.mikkelberg.de, Di, Do 10–13, Fr, Sa, So 13–17 Uhr, Eintritt frei

24 Nordstrand

Unaufgeregte, grüne Halbinsel mit viel Weite und Ursprünglichkeit

Information

■ Nordstrand Tourismus, Schulweg 4, 25845 Nordstrand, Tel. 048 42/454 oder 194 33, www.nordstrand.de

Auf der seit 1906 über einen Damm mit dem Festland verbundenen Halbinsel Nordstrand dominieren grüne Wiesen und einfaches Leben statt Shoppingmeilen, Ausflugsrestaurants und Veranstaltungstrubel. Die Orte hier heißen Süden, Westen oder England. Vor dem Dammbau war der Süderhafen die wichtigste Verbindung zum Festland, heute ist es ein kleiner Jachthafen. Vom Hafen Strucklahnungshörn legen nicht nur die Schiffe nach Pellworm ab, sondern auch das Postschiff nach Nordstrandischmoor sowie Krabbenkutter. Zentrum der Insel ist der Ort Süden. Ein kleines Wäldchen gibt es auch, es heißt Vogelkoje. Und der Badeplatz Fuhlehörn gehört zu den schönsten Grünstränden der Halbinsel.

Sehenswert

Heimatmuseum

| Museum |

Das Heimatmuseum präsentiert historische Sturmfluten genauso wie die Geschichte des Deichbaus und die der drei Konfessionen auf dem Eiland.

■ Schulweg 4, Süden, Mo–Do 8–12 und 14–16, Fr 8–12, Juli–Aug. Mo–Do 8–17, Fr 8–12, Sa 10–13 Uhr

Restaurants

€€ | **Pharisäerhof** Wurde in diesem hübschen weißen Friesenhaus das berühmte Küstengetränk erfunden? Man sagt es jedenfalls. Empfehlenswert sind aber auch die Köstlichkeiten der hauseigenen Eismanufaktur. ■ Familie Scheler, Elisabeth-Sophien-Koog 3, Tel. 048 42/353, www.pharisaeerhof.de, Ende Feb.–Anf. Nov. Mi–Mo 18–21 Uhr

ADAC Wussten Sie schon?

Der **Pharisäer** – also das alkoholische Heißgetränk aus gesüßtem Kaffee, braunem Rum und einer Schlagsahne-Haube – soll auf Nordstrand erfunden worden sein: Weil man in Anwesenheit des Pastors keinen Alkohol trinken durfte, versteckte man ihn im Kaffee und packte dann noch eine Sahnehaube darauf.

Cafés

Nordstrander Teestuv Die kleine Teestube mit hübscher Terrasse serviert Pharisäer und Torten im Geschirr der nebenan liegenden Töpferei. Mit einer E-Ladestation für Autos und E-Bikes. ■ Süden 42, Tel. 048 42/9017385, Juni–Sept. tgl. 10–22, Okt.–Mai 10–18 Uhr

Einkaufen

Rosenfeines Aus dem Rosengarten in Nordstrand entstammen feinste Spezialitäten für den Frühstückstisch – die Blüten werden sortenrein zu Gelees verarbeitet. ■ www.rosenfeines.de

Im Blickpunkt

Atlantis der Nordsee

Noch im 14. Jh. bildeten die heutigen Inseln Pellworm, Nordstrand und einige Halligen eine zusammenhängende, von vielen kleineren Wasserläufen durchzogene Inselfläche, die man »Strand« nannte. Dort gab es mehrere kleine Ortschaften (Kirchspiele). Eine davon war Rungholt, das »Atlantis der Nordsee«, um das sich bis heute viele Sagen und Legenden ranken. So soll der vermutlich bei der »Groten Mandränke« am 16. Januar 1362 oder bei einer der folgenden Sturmfluten (als göttliche Strafe für lästerlich-unfrommes Verhalten) untergegangene, einst unermesslich reiche Ort, alle sieben Jahre in der Johannisnacht wieder auftauchen; und bei ruhiger See, heißt es, sind seine Glocken unter der Wasseroberfläche zu hören ...

Erlebnisse

13 **Kutschentour** Mit dem Pferdewagen können Besucher durch das Wattenmeer eine Tour nach Südfall unternehmen. Wattkutschen pendeln regelmäßig zur Hallig, die nur mit einer geführten Tour betreten werden darf. ■ Start ist die Badestelle Fuhlehörn, Information: Tel. 048 42/300. Die Tour dauert knapp 3,5 Std., 20 €, erm. 15 €

Entspannung

Kurmittelhaus Nicht nur bei schlechtem Wetter zu empfehlen: Schlickpackungen, Algenanwendungen und verschiedene Massagen bietet das Kurmittelhaus. ■ Am Kurhaus 27, Tel. 048 42/900 11 60, Mo–Fr 8–12 Uhr

25 Pellworm

Urige grüne Insel mit Kulturschätzen und viel Weitblick

Information

■ Kur- und Tourismusservice Pellworm, Uthlandestr. 2, 25849 Pellworm, Tel. 048 44/189 40, www.pellworm.de

Die grüne Insel mitten im Watt ist rund 37 km² groß und besteht vorwiegend aus dem Westteil der ehemaligen Insel Strand (siehe »Im Blickpunkt«, links). Zum Schutz vor Sturmfluten wird sie von einem 8 m hohen und 28 km langen Seedeich umgeben. Auf der Insel leben nur knapp 1200 Menschen, aber etwa viermal so viele Tiere. Vor allem Schafe sieht man allerorten. Trubel und Hektik bleiben auf dem Festland – wer auf Pellworm unterwegs ist, genießt die Ruhe und Gelassenheit. Zudem ist diese Nordseeinsel eine Modellregion für die Energiewende. Hier wurde das erste »intelligente« Stromnetz Norddeutschlands in Betrieb genommen – mit einem Energiespeichersystem aus zentralen und dezentralen Elementen.

Sehenswert

St. Salvator

| Kirche |

Das Gotteshaus birgt einen ganz besonderen Kunstschatz: Das barocke Instrument des berühmten Orgelbauers Arp Schnitger von 1711 genießt bei Musikliebhabern höchstes Ansehen. Die Ruine des Kirchturmes, der im Jahr 1611 einstürzte, ist heute das Wahrzeichen von Pellworm.

■ Alte Kirche 8

Momme-Nissen-Haus

| Kapelle |

Das (umgebaute Bauern-)Haus erhielt 1978 die Kirchweihe. Es besitzt 14 sehenswerte Glasfenster mit Malereien des Niederländers Franz Giesenbrock und ein beeindruckendes Altarblatt. Benannt wurde es nach dem im nordfriesischen Deezbüll geborenen Dominikaner-Pater Momme Nissen.

■ Bupheverweg 1, Tel. 048 44/688, www.momme-nissen-haus.de

Rungholtmuseum Bahnsen

| Museum |

Seit Jahrzehnten ist der Pellwormer Heimatforscher und Hobby-Archäologe Hellmut Bahnsen auf der Suche nach Spuren der Inselgeschichte. Besonders interessiert sich der Experte für das »Atlantis der Nordsee« (siehe »Im Blickpunkt«, linke Seite).

■ Westerschütting 2, Tel. 048 44/569, Mi ab 15 Uhr und nach Anmeldung

Inselmuseum

| Museum |

In Form eines Schubladensystems erfährt man hier viel Wissenswertes über die Entstehungs-, die Siedlungs- und die Kulturgeschichte der Insel.

■ Uthlandestr. 2, Tel. 048 44/1893, Mo–Do 8–12 und 14–16 (im Sommer bis 18), Fr 8–12 Uhr, 5 €

Verkehrsmittel

Anreise per **Fährverbindung** (mit und ohne Auto) ab Hafen Strucklahnungshörn auf Nordstrand. Das Navi findet womöglich den Hafen nicht, deswegen gleich Pellworm als Ziel programmieren. ■ www.faehre-pellworm.de

Pellworm besitzt zudem einen **Flugplatz** für Sportflugzeuge bis zu 2 t. ■ Tel. 048 44/325, www.eddh.de

Restaurants

€ | **Schipperhus** Maritimes Ambiente (schwebende Galerie mit integrierter Luke im Dachstuhl), sogar mit veganer Küche. Von Jazz über Rock bis Klassik – auch kulturell gibt es im Schipperhus einiges zu erleben. ■ Tammensiel 26, Tel. 048 44/990 22 66, www.schipperhus-pellworm.de, Sommer Di–Sa ab 11.30 Uhr, Winter ab 14 Uhr

Erlebnisse

14 **Wattwanderung** Die kleine Hallig Süderoog wird von einem Ehepaar ganzjährig bewohnt und bewirtschaftet. Und natürlich findet auch in dieser entlegenen Region die Postzustellung statt. Begleiten Sie den Postboten auf seinem Fußmarsch. Unterwegs erfahren Sie noch viel über die Natur des Wattenmeeres. ■ Dauer ca.

4 Std. (je 1,5 Std. Fußmarsch, dazwischen ca. 1 Std. Hallig-Aufenthalt). Die Wattwanderung ist nicht für kleine Kinder geeignet. Infos und Buchung über: Kur- und Tourismusservice Pellworm, www.pellworm.de

Sport

Wattreiten Inselumrundung zu Pferde – nirgendwo anders geht das besser als auf bzw. vor Pellworm. Allerdings müssen die daran Interessierten schon einige Reiterfahrung haben. Für Anfänger gibt es spezielle Kurse. ■ Appelhof, Schulstr. 9, Tel. 04844/224, www.wattreiten.de

26 Beltringharder Koog

15 *Große Lagune mit besten Aussichten für Vogelbeobachter*

Information

■ Infos über die Schutzstation Wattenmeer, Nationalparkhaus Husum, Hafenstr. 3, 25813 Husum, Tel. 04841/668530, www.beltringharderkoog.de

Der im Jahr 1987 eingedeichte Beltringharder Koog, die ehemalige Nordstrander Bucht, ist heute mit rund 34 km² Fläche das größte Natur- und Wiesenvogel-Schutzgebiet auf dem schleswig-holsteinischen Festland. Entstanden als Folge von Küstenschutzmaßnahmen zur Sicherheit der Anwohner, war mit der großflächigen Eindeichung auch der Verlust eines ökologisch wertvollen Teils des Wattenmeeres verbunden. Als Ausgleich dafür wurde das Gebiet als Ganzes unter Naturschutz gestellt. Vor allem während der Zugvogelsaison lockt der Beltringharder Koog nun mit seinem Beobachtungshäuschen viele Vogelfreunde an.

Wandern

Durch die einzigartige Landschaft des Beltringharder Koogs führt der Naturlehrpfad Arlau – auch vorbei an dessen eigentlichem Kern, der Salzwasserlagune. Zudem lässt sich das Naturschutzgebiet auch schön mit dem Rad auf einer Tagestour umrunden. ■ Zugang an der Naturschutz-Station Arlau-Schleuse in der Hattstedtermarsch

In der Umgebung

Café Frida In Bredstedt liegt das kleine Café Frida mit seinen verführerischen Törtchen und hausgemachten Kuchen. Ob neuinterpretierte Schwarzwälder Kirschtörtchen oder Erdbeertorte – wer es süß mag, ist hier am richtigen Ort. ■ Markt 13, 25821 Bredstedt, Tel. 04671/7189959, www.hotelcafefrida.de

27 Ockholm

Die einstige Hallig ist heute ein wichtiger Fährhafen

Information

■ Hauke-Haien-Koog, Schlüttsiel 2, 25842 Schlüttsiel, Tel. 04674/848, www.jordsand.de

Ockholm war einst eine Hallig, die durch die Eindeichung zum Festland wurde. Die Warften zeugen bis heute von der Vergangenheit. Der Ortsteil Schlüttsiel ist ein bedeutender Fährhafen für die Halligen und Sände. Das Parken kostet hier 3 €/Tag. Es gibt ein großes Haus zur Abfertigung der Passagiere für die Fähre und das Infozentrum Watt'n Blick des Vogelschutzvereins Jordsand (Di, Do, Sa, So 14–17 Uhr). Wer Spaß am Vogelbeobachten hat, holt sich einen Erfassungsbogen und zieht hinaus ins freie Feld.

28 Halligen

Die Halligen vor Schleswig-Holsteins Nordseeküste sind weltweit einmalig

Information

- www.halligen.de
- Parken siehe S. 79

Zehn nordfriesische Halligen und eine Vielzahl von Hochsänden (darunter drei größere) liegen vor der Küste. Sie gruppieren sich kreisförmig um die Insel Pellworm und zeugen vom rauen, einsamen Leben. Wer sich auf einen Halligurlaub einlässt, sollte gut vorbereitet sein. Schon vor der Ankunft muss man sich auf den meisten Halligen die Lebensmittel vom Festland aus in die Ferienwohnung schicken lassen. Positiv: Wenn es auf dem Festland regnet, scheint auf den Halligen oftmals die Sonne. Das liegt u.a. an den starken Seewinden, die die dichten Wolken schneller wegpusten.

Sehenswert

Langeneß, Oland
| Halligen |
Langeneß ist die größte der zehn nordfriesischen Halligen und am besten per Fahrrad zu erkunden (Ausleihstationen finden sich direkt an der Fähre). Interessant ist vor allem das Kapitän-Tadsen-Museum auf der Ketelswarf, es gibt einen Einblick in das

Im Blickpunkt

Inseln, Halligen, Hochsände

Die **Inseln** der Nordseeküste sind Überbleibsel von Eiszeitmoränen aus Kies, Sand und Ton. Sie werden durch Deiche, Dünen oder andere Erhebungen vor Überflutung geschützt. Auf der landzugewandten Seite gehen sie oft in eine Marschlandschaft zum Wattenmeer über, auf der Seeseite befindet sich ein Sandstrand.

Halligen liegen hingegen viel tiefer als die Inseln. Weder Deiche noch andere Erhebungen schützen sie vor Überflutungen, deswegen sind alle Hallig-Pflanzen ans Salzwasser angepasst. Mit Ausnahme künstlich aufgeschütteter Wohnhügel (Warften) herrscht hier bei Sturmfluten komplett »Land unter«.

Hochsände (oder Sandbänke) setzen sich aus Ablagerungen zusammen, die mit der Strömung oder dem Tidenhub entstanden sind. Diese Sande ragen nur knapp aus dem Wasser. Alle drei – Inseln, Halligen und Hochsände – schützen die Küste wie ein natürliches Bollwerk vor Sturmfluten.

Halligleben vor 250 Jahren, im Garten steht der Nachbau einer typischen Bockwindmühle. Nebenan auf der Honkenswarf gibt es ebenfalls ein kleines Friesenmuseum. Lohnenswert ist der Blick in die Inselkirche (1663) mit ihrem prächtigen Flügelaltar. Oland, die älteste der Halligen, hat 17 Häuser und ist autofrei. So lassen sich der reetgedeckte Leuchtturm der Küste sowie die Inselkirche am besten mit dem Rad erkunden oder gemütlich zu Fuß.

■ Tourismusbüro Langeneß und Oland, Ketelswarf 3, 25863 Langeneß, Tel. 046 84/217, www.langeness.de

Gröde und Habel

| Halligen |

Die kleinste Gemeinde Deutschlands zählt nur neun Bewohner, ist aber die drittgrößte der Halligen und autofrei. Besonders schön ist es hier im Juli und August, wenn der Strandflieder seinen lila Blütenteppich ausbreitet. Habel, etwa 2 km östlich von Gröde, ist die kleinste Hallig. Sie gehört zur Schutzzone I des Nationalparks Schleswig-Holsteinisches Wattenmeer und darf nicht betreten werden. Es gibt nur eine Warft mit einem Haus für den Vogelwärter. Sonst ist die Hallig unbewohnt.

Hooge

| Hallig |

Die zweitgrößte der Halligen ist eingedeicht und verfügt über zehn Warften und eine Handvoll Restaurants. Während bei den anderen Halligen die Besucher fast auf sich allein gestellt sind, gibt es auf Hooge eine gute touristische Infrastruktur – sogar ein kleines Dorfzentrum mit Läden, Fischbrötchenständen und Café sowie zwei Museen. Die Johannes-Kirche erinnert von außen eher an ein Wohnhaus, da sie ohne den Turm errichtet wurde; im Inneren findet man Kunst aus dem 17. Jh.

■ Touristikbüro, Hanswarft 1, 25859 Hallig Hooge, Tel. 048 49/91 00, www.hooge.de

ADAC Mittendrin

Viele Halligen sind per **Fähre** mit dem Hafen Schlüttsiel oder Nordstrand verbunden. Die Schiffe fahren tideabhängig, nach Langeneß und Hooge können Autos mitgenommen werden (Anmeldung empfohlen), es gibt aber keine Tankstellen auf den Halligen. Besser ist es, mit dem Rad zu fahren. *www.faehre.de*

Südfall

| Hallig |

Eiland mit zwei Bewohnern. Die nur 0,56 km² große Hallig gehört dem Land Schleswig-Holstein, ist von Frühjahr bis Herbst zwecks Wartung bewohnt, das Betreten ansonsten nicht erlaubt.

Norderoog/Norderoogsand, Süderoog/Süderoogsand, Japsand

| Halligen, Hochsände |

Zwischen Pellworm und Amrum liegen drei riesige Sandbänke im Wattenmeer: Norderoogsand vor der als »Vogelhallig« bekannten, nicht dauerhaft bewohnten Hallig Norderoog, Süderoogsand vor der Hallig Süderoog, auf der zwei Bewohner eine ökologische Landwirtschaft betreiben, und Japsand. Norderoogsand wächst und türmt ständig neue Dünen auf. Sowohl Norderoog als auch Süderoog (Halligen wie Sände) stehen unter strengem Schutz, nur Japsand darf an der Nordspitze betreten werden.

Nordstrandischmoor

| Hallig |

16 *Vier Warften, 20 Bewohner, eine Gaststätte – eine einsame Pracht*

Die Bewohner haben private Loren, um auf dem Damm ans Festland zu kommen. Wer sich auf der Insel einquartiert, wird damit nach Nordstrandischmoor gefahren. Hier scheint die Zeit still zu stehen, die Inselschule hat vier Kinder und einen Lehrer. Der Gastwirt des Halligkrog erzählt gern über das Leben auf seinem Eiland.

Hamburger Hallig

| Hallig |

Sie ist durch einen Damm mit dem Festland verbunden und lässt sich sogar mit dem Auto erreichen: Die Hamburger Hallig wirkt für Ortsfremde wie ein Stück Festland, weil sie über Salzwiesen damit verbunden ist.

Parken

Wer am Hafen Strucklahnungshörn parkt und eine der Fähren (etwa auf die Hallig Hooge) nutzen will, bekommt an Bord das Parkticket geschenkt. Es wird auf der Rückfahrt gegen ein entwertetes getauscht, wenn man danach fragt, ansonsten kostet es 3,50 €/Tag. Mit dem Auto zur Hamburger Hallig zu fahren kostet eine Mautgebühr von 7 €.

Restaurants

€€ | **Friesenpesel** Hier ist der Gastraum noch eine richtig gute alte Stube. Aufgetischt werden köstliche Krabben- und Fischgerichte sowie leckere Desserts. Windgeschützte Terrasse. ■ Backenswarft 2, 25859 Hallig Hooge, Tel. 048 49/231, www.blauerpesel.de, März–Okt. Di–So 14–18.30 Uhr

€€ | **Hallig Krog** Auf der Hamburger Hallig bereitet Spitzenkoch Erik Brack Gutes aus der Region zu – vom Salzwiesenlamm bis zu Krabben. ■ 25821 Reußenköge, Tel. 046 71/94 27 88, www.hallig-krog.de, tgl. ab 11 Uhr

€€ | **Hilligenley** Im Westen der Hallig Langeneß liegt dieses dem gleichnamigen Hotel angeschlossene Restaurant, das norddeutsche Spezialitäten serviert. ■ Hilligenley 4, 25863 Hallig Langeneß, Tel. 046 84/223, www.hilligenley.de

Cafés

T-Stube Friesischer Tee, Sahnetörtchen und Waffeln werden hier in einem stimmungsvollen Reetdachhaus mit echtem Bullerjan-Ofen serviert. Gemütlich. ■ Hanswarft 6c, 25859 Hallig Hooge, Tel. 048 49/909 79 77

Kinder

Zum Erlebniszentrum Mensch und Watt gehört auch eine Forscherstation für Kinder. ■ Hanswarft 2, www.hooge.de

Events

Ringelganstage Wenn im April bis zu 50 000 Ringelgänse auf Langeneß und Hooge Station machen, ist das für die Bewohner ein Grund zu feiern. ■ www.ringelganstage.de

Wandern

Die meisten Halligen sind per Wattwanderung zu erreichen. Die schwerste Wanderung ist die nach Nordstrandischmoor, weil der Boden sehr weich ist. ■ Wattwanderungen sind über die Schutzstationen Wattenmeer zu buchen, www.schutzstation-wattenmeer.de

Übernachten

Wie hätten Sie es denn gern? Übernachten in der urbanen Küstenmetropole Husum oder doch lieber im kleinen Friedrichstadt mit seinen schmalen, romantischen Häusern am Wasser bzw. in der Altstadt? Nur eine halbe Stunde Autofahrt entfernt sieht es dann so aus, als würde die Welt hier enden: Auf Nordstrand ist der Tourismus noch nicht sehr ausgeprägt, aber den Besucher erwartet ein einzigartiges Hotel. Ein wenig weiter seewärts, auf Halligen, vermieten die Einwohner Ferienwohnungen, Hotels sind hier eher selten. Die Einsamkeit hier muss man mögen, vor allem im Herbst und Winter. Vielleicht ist ja auch eine Mischung aus beidem, urbane Frische in Husum oder Friedrichstadt kombiniert mit dem Aufenthalt auf einer einsamen Hallig, genau das Richtige für den Urlaub in dieser schönen Region an der schleswig-holsteinischen Nordseeküste?

Friedrichstadt 62

€€ | **Klein Amsterdam** Im Zentrum Friedrichstadts gelegen, direkt an der Gracht, erfreut dieses Hotel mit modernen Zimmern und stimmungsvoller Atmosphäre. In jedem Zimmer gibt es eine nostalgische Stadtansicht als Fototapete. ■ Am Mittelburgwall 28, 25840 Friedrichstadt, Tel. 048 81/ 93 90 29, www.kleinamsterdam.net

Husum 64

€–€€ | **Lammkontor** Stilvoll in Landhausatmosphäre schläft man im Husumer Lammkontor. Kulinarisch steht dort noch bis heute alles im Zeichen der Salzwiesenlämmer, die Zimmer sind minimalistisch-ländlich gehalten. ■ Deichstr. 7–8, 25813 Husum, Tel. 048 41/404 28 01, www.lammkontor.de

€€€ | **Hotel Lifestyle Spa Thomas** Das familiengeführte Vier-Sterne-Haus hat 56 Zimmer und besticht durch modernes Ambiente, das dominiert wird durch die puristische Farbwelt mit Silber, Beige, Schwarz und Weiß. Das Hotel liegt ruhig, aber dennoch zentral. Zudem ist es nicht weit bis zum Hafen. ■ Zingel 7, 25813 Husum, Tel. 048 41/66 20-0

€€€ | **Altes Gymnasium** Das erste Haus ist ein unter Denkmalschutz stehender Backsteinbau. Eigenes Spa, gutes Restaurant. ■ Süderstr. 2–10, 25813 Husum, Tel. 048 41/83 30, www.geniesserhotel-altes-gymnasium.de

Nordstrand 73

€€ | **Pharisäerhof** Liebevoll nordisch in einem weißen Friesenhaus eingerichtet, verfügt der Pharisäerhof über helle Zimmer auf der ruhigen Halbinsel Nordstrand. Das Besondere: Hunde sind hier äußerst willkommen. Es gibt einen eingezäunten Freilauf und sogar eine Hundebadewanne. ■ Elisabeth-Sophien-Koog 3, 25845 Nordstrand, Tel. 048 42/353, www.pharisaeerhof.de

Pellworm 74

€€ | **Friesenhof** Eine Mischung aus Holzmöbeln und hell-weißer Einrichtung verbreitet eine wohlige Wärme im Friesenhof. Die Ferienwohnungen haben Bauernhofanschluss mit einem idyllischen Bauerngarten und viel Platz zum Entspannen. ■ Alte Kirche 7, 25849 Pellworm, Tel. 048 44/530, www.friesenhof-pellworm.de

€€ | **Nordseelodge** Moderne Zimmer in einem Familienbetrieb. Das helle, freundliche Haus liegt im Westen der Insel Pellworm. Sogar mit Spa. ■ Alte Kirche, 25849 Pellworm, Tel. 0 48 44/789 41 00, www.nordseelodge.de

Beltringharder Koog 76

€€ | **Hotel Frida** Modern ausgestattet sind die Zimmer im familiären Hotel rund 20 km nordöstlich des Naturschutzgebiets Beltringharder Koog. Hübscher Kachelofen im Restaurant. ■ Markt 13, 25821 Bredstedt, Tel. 046 71/718 99 59, www.hotelcafefrida.de

€€ | **Ulmenhof & Spa** Schöne Jugendstilvilla aus dem Jahr 1903. Geräumige Doppelzimmer, Sauna und Pool. ■ Tondernsche Str. 4, 25821 Bredstedt, Tel. 046 71/918 10, www.ulmenhof.de

ADAC Spartipp

Auf der Hallig Hooge gibt es ein Projekt für Freiwillige, die ehrenamtliche Arbeit leisten und mindestens 2 Wochen bleiben. Es nennt sich **Hand gegen Koje**. Wer daran teilnimmt, bekommt einen kostenfreien Schlafplatz in einer Ferienwohnung, muss dafür aber auch z.B. beim Rasenmähen, in der Touristeninformation oder beim Müllsammeln helfen.
Infos über das Touristikbüro, Hanswarft 1, 25859 Hallig Hooge, Tel. 048 49/91 00, www.hooge.de

Halligen 77

€ | **Anker's Hörn** Auf einer Warft – »umhüllt von der leidenschaftlichen Umarmung einer alles überwältigenden Natur«, so die treffende Eigendarstellung – liegt dieses kleine Hotel. Es gibt auch Familienzimmer. ■ Mayenswarf 2, 25863 Hallig Langeneß, Tel. 046 84/291, www.ankers-hoern.de

ADAC Das besondere Hotel

Auf Langeneß lockt ein alter Bauernhof: Nun als **Gasthaus Hilligenley** frisch saniert, erwarten einen hier helle, moderne Zimmer und eine angenehm familiäre Atmosphäre: Schlafen auf einer Hallig ist noch einmal etwas ganz Anderes, als nur einen Tag lang dort zu Gast sein. Die wahre Einsamkeit stellt sich erst ein, wenn die letzten Wattwanderer gegangen sind.
€€ | Gasthaus Hilligenley, Hilligenley 4, Familie Karau, 25863 Hallig Langeneß, Tel. 046 84/223

Der Norden – ein Land, wie von Nolde gemalt

Diese Gegend ist viel zu schade, um nur schnell in den Autozug nach Sylt zu steigen – die nördliche Nordseeküste hat viel mehr zu bieten

Dramatische Wolkenspiele, das faszinierende Sonnenlicht, bevor der Regen kommt, und diese Weite mit den vielen Kanälen: Hier lässt es sich nicht nur gut wandern, sondern immer auch eine beeindruckende Naturszenerie entdecken. Auch die großen Binnendünen bei Süderlügum sorgen für einmalige Landschaftserlebnisse. Auch kulturell hat diese Gegend viel zu bieten. Und nicht zuletzt locken Inseln wie Amrum und Föhr – die »Friesische Karibik« – zu einem Abstecher.

In diesem Kapitel:

ADAC Top Tipps:

7 Föhr-Amrum-Trail
| Wanderweg |
Es muss nicht immer das Schiff sein, Inselhopping geht auch per pedes – etwa von Föhr nach Amrum. 90

8 Nolde Stiftung Seebüll
| Museum |
Das kubistische Wohnhaus und der Garten des Künstlers, kombiniert mit einem modernen Museumsneubau – muss man gesehen haben! 95

ADAC Empfehlungen:

17 Kniepsand
| Naturschauspiel |
Amrums weißer Sand ist nicht nur für Kinder eine riesige Spielwiese. 85

18 Nieblum
| Stadtbild |
Eine friesische Postkartenidylle zum Durchschlendern und Träumen. 89

19 Stelly's Hüüs
| Café |
Ein hübsches Café mit atmosphärischem Landhausambiente. 91

20 Nolde-Weg
| Wanderweg |
Mit den Augen des Malers sehen – der Nolde-Weg im Nolde-Land. 96

17

8

7

31

»Westermarsch« hieß das Dagebüller Land, als es noch eine Hallig war

29 Dagebüll

Lebendiges Zeugnis der Landgewinnung, heute ein wichtiger Fährhafen

Information

■ Dagebüll-Tourismus, Nordseestr. 14, 25899 Dagebüll, Tel. 046 67/950 00, www.gemeinde-dagebuell.de

Einst war Dagebüll eine Hallig, die Häuser standen auf Warften geschützt. Aber im Jahr 1704 wurde das Land eingedeicht und so nach und nach ein Teil des Festlands. Ein deutliches Zeichen dieser Vergangenheit ist die Kirche, die damals noch turmlos auf einer Warft errichtet wurde. Erst 1905 bekam St. Dionysius nachträglich einen Turm. Im Ortsteil Fahretoft gibt es einige hübsche Friesenhäuser zu sehen.

Sehenswert

Leuchtturm
| Landmarke |
Allein steht er im Watt, ein viereckiger Leuchtturm aus dem Jahr 1929, der einst den Schiffen den Weg gewiesen hat. Seit 1986 ist er außer Dienst und gibt nur noch als Landmarke den Wanderern in Dagebüll Orientierung. Zudem kann man in dem Turm auch nächtigen. Sehr romantisch. Gleich nebenan befindet sich der Lorenbahnhof zu den Halligen Oland und Langeneß, ansonsten ist es hier so richtig einsam. ■ Osewoldter Sielzug, www.leuchtturm-dagebuell.de

Verkehrsmittel

Wer nach Amrum oder Föhr möchte, stellt sein Auto am besten auf dem Inselparkplatz ab, das kostet 7,50 €, ab Tag 8 dann 6,50 €/Tag. Der Hafen befindet sich rund 700 m entfernt, es verkehrt ein Shuttlebus. ■ Fährhafenstr. 2, www.inselparkplatz.de

Cafés

Dagebüller Eismanufaktur Hier gibt's Eis aus regionalen Zutaten – Himbeere, Rose oder Erdbeere. ■ Nordseestr. 1, Tel. 046 67/825 99 23, www.dagebüller-eismanufaktur.de, tgl. 12–19.30 Uhr, außerhalb der Saison andere Öffnungszeiten

Einkaufen

Fisch vom Kutter Der einzige Krabbenfischer auf Amrum verkauft seine Schollen und Krabben auch im Dagebüller Hafen, stets fangfrisch. Die Zeiten wechseln, weil sie tide- und fangabhängig sind. ■ www.fischvomkutter.de

30 Amrum

Sand und Wald, soweit das Auge reicht, und einer der höchsten Leuchttürme

Information

■ Amrum Touristik, Inselstr. 14b (am Fähranleger), 25946 Wittdün/Amrum, Tel. 046 82/940 30, www.amrum.de

Die nach Sylt, Föhr und Pellworm viertgrößte und waldreichste nordfriesische Insel ist nicht nur überaus grün, sondern bekommt vom Meer Jahr für Jahr jede Menge Sand angespült. So blickt Amrum auf einen riesigen Strand an der Westküste, den man hier Kniepsand nennt. Nebel, an der Wattseite der Insel gelegen, ist der größte Ort auf Amrum. Dessen westlicher Teil wird Westerheide genannt. Süddorf – mit Norddorf im Norden das älteste Dorf auf Amrum – ist heute ein Ortsteil der Gemeinde Nebel. Am deutlichsten vom Tourismus geprägt ist das Seeheilbad Wittdün im Inselsüden.

Sehenswert

Kniepsand

| Naturschauspiel |

17 *Weiß, breit und fein – der vorgelagerte Sand auf Amrum*

Der Sand soll von Sylt angespült worden sein, aber wo immer er auch herkommt, er hat hier an der Westküste von Amrum einen herrlichen »Strand« geschaffen, bei dem es sich genau genommen um eine etwa 10 km² große, langsam wandernde Sandbank handelt. Rund 15 km lang und fast 2 km breit ist dieser »Strand« auf der (ohne Kniepsand) nur 20,46 km² großen Insel.

■ Am schönsten ist der Kniepsand am Campingplatz

Der höchste seiner Art an der hiesigen Nordseeküste: der Amrumer Leuchtturm

Vogelkoje Meeram

| Naturerlebnisraum |

Die auf halber Strecke zwischen Norddorf und Nebel mitten im Wald gelegene historische Anlage zum Fang von Wildenten war in den Jahren 1886 bis 1936 in Betrieb. Zusammen mit den angrenzenden Biotopen und einem archäologischen Areal ist sie heute Teil eines Naturerlebnisraums, der mithilfe eines Rundwegs, Infotafeln und dem Nachbau eines eisenzeitlichen Hauses einen Bogen von den Anfängen der Besiedlungsgeschichte Amrums in der Steinzeit bis zu den Konsequenzen einer intensiven Naturnutzung im letzten Jahrhundert spannt.

■ rund 2 km südl. von Norddorf

Eisenzeitliches Haus

| Kulturstätte |

Auf dem zur Vogelkoje Meeram gehörenden Areal wurden Siedlungsspuren aus der Eisenzeit und jungsteinzeitliche Großsteingräber gefunden, zudem errichtete man hier den Nachbau eines eisenzeitlichen (Wohn- und Stallbereich unter einem Dach vereint) Wohnstallhauses. In dessen unmittelbarer Nachbarschaft standen einst zwei weitere dieser länglichen, mit reetgedecktem Firstdach ausgestatteten Bauten, deren Grundrisse heute ebenfalls wieder teilweise sichtbar sind.

■ Erreichbar über den vom Naturerlebnisraum Vogelkoje zum Quermarkenfeuer angelegten Bohlenweg

Leuchtturm Amrum

| Landmarke |

Mit seiner Bauwerkshöhe von knapp 42 m ist der im Jahr 1874 auf einer 25 m hohen Düne fertiggestellte, bis 1984 von einem Wärter aktiv betriebene Amrumer Leuchtturm der höchste seiner Art an der schleswig-holsteinischen Nordseeküste und zudem begehbar. Fast 300 Stufen sind es vom Fuß der Düne bis nach oben (mehr als 170 Stufen davon im Turm selbst). Von der Aussichtsplattform genießt man einen wunderbaren Blick über die Nordsee bis nach Föhr und Sylt.

■ rund 2 km westl. von Wittdün, Mo–Fr 8.30–12.30 Uhr

Gefällt Ihnen das?

Dann gefallen Ihnen sicher auch die Leuchttürme Westerheversand (siehe S. 54) oder Hörnum auf Sylt (siehe S. 121). Aber auch an vielen anderen Stellen der schleswig-holsteinischen Nordseeküste fallen immer wieder **Leuchttürme** ins Auge: mal rund, mal eckig, mal rot-weiß, mal schwarz-weiß. Fast immer dienen sie als wunderschönes Fotomotiv. Mancher Leuchtturm ist auch von innen zu besichtigen (teils nur mit Voranmeldung). Einige von ihnen dienen bis heute als Leuchtfeuer und warnen die Seeleute vor Gefahren. Teilweise sind in den Bauwerken Standesämter untergebracht – man kann sich dort also auch trauen lassen (www.deutsche-leuchtfeuer.de).

Windmühle

| Bauwerk |

Die in den Jahren von 1770 bis 1771 von dem Seemann Erk Knudten errichtete Amrumer Mühle ist die älteste Windmühle in Schleswig-Holstein.

■ Maalenstegalk 12, 25946 Nebel, Tel. 0151/51 26 66 34, www.amrumer-windmuehle.com, tgl. 10.30–13, 14.30–17, Mo bis 16, So ab 11 Uhr

Verkehrsmittel

Die Anreise erfolgt ab Dagebüll mit der Fähre. Wer sein Auto mit auf die Insel nehmen möchte, sollte rechtzeitig einen Platz bei der Wyker Dampfschiffs-Reederei reservieren. ■ Tel. 04667/94030, www.faehre.de

Ab Nordstrand/Hafen Strucklahnungshörn fährt die MS »Adler-Express« in etwa 90 Min. über Hallig Hooge bis Amrum und weiter nach Sylt. ■ Tel. 04651/9870888, www.adler-schiffe.de/urlaubsanreise

Restaurants

€ | **Keksdose** Ob großer oder kleiner Hunger: Hier können Sie deftige Hausmannskost, feurige Currywurst, Pizza, Pasta, Pommes, Burger und Baguettes essen. ■ Inselstr. 8, 25946 Wittdün, Tel. 04682/4404, www.keksdose-wittdün.de, Di–So 12–14 und 17.30–21 Uhr

€€ | **Seeblick** Bereits in der vierten Generation geführter Familienbetrieb mit stimmigem Ambiente. Im Sommer wird gern auf der Terrasse gegrillt, im Winter serviert man am brennenden Kamin Grünkohl. Gespeist wird neben alten Schiffsmodellen. ■ Strunwai 13, 25946 Norddorf, Tel. 04682/9210, www.seeblicker.de, tgl. 11.30–21.30 Uhr

Einkaufen

Öömrang Gin Amrums erster Gin ist seit Juni 2017 auf dem Markt. Tonkabohne, Kardamom, Rosen- und Hibiskusblüten, Zitronenschalen, Pflaume und Wacholder als Zutaten werden abgerundet von Amrumer Meersalz und Inselwasser. ■ Waasterstigh 24, 25946 Nebel, Tel. 0172/9534240, www.amrum-gin.de, tgl. ab 10 Uhr

Kneipen, Bars und Clubs

Blaue Maus Eine Institution auf Amrum. Eines der größten Whisky-Angebote Nordfrieslands mit mehr als 300 Sorten. Es gibt sogar mildes »Mauspils« vom Fass. Kleine Speisen, manchmal Livemusik. ■ Inselstr. 107,

Warten auf Don Quijote: die von einem Seemann gebaute Amrumer Windmühle

Im Blickpunkt

Erzählende Grabsteine

Sie möchten gern etwas mehr über den Seemann Erk Knudten erfahren, der 1770–1771 die älteste Amrumer Windmühle errichtete? Oder über Harck Olufs, 1708 in Süddorf geboren, der schon als Zwölfjähriger zur See fuhr, von Piraten gefangen genommen und in Algier als Sklave verkauft wurde, aber viele Jahre später in der Uniform eines osmanischen Generals nach Amrum zurückkehrte? Dann sollten Sie die Kirchengemeinde St. Clemens in Nebel besuchen, deren Mitglieder eine Vielzahl historischer Grabsteine vor dem Verfall gerettet haben, auf denen das Schicksal der Inselbewohner im 17. und 18. Jh., darunter Walfänger und Kapitäne, beschrieben wird.
www.erzaehlende-steine.de

25946 Wittdün, Tel. 04682/2040, www.blauemaus-amrum.de, tgl. 18–1 Uhr (Nebensaison Do Ruhetag, Winter Mi und Do Ruhetag)

Erlebnisse

Wandern & Erleben Wer gern eine sachkundige Begleitung beim Entdecken der Natur haben möchte, der wendet sich am besten an das Naturzentrum Amrum. Dessen Mitarbeiter helfen einem, auf der Insel mehr als nur den Horizont und die gute Luft zu erleben. ■ Strunwai 31, 25946 Norddorf, Tel. 04682/1635 www.naturzentrum-amrum.de, April–Okt. Fr–Mi 10–17, übrige Monate nur Mi, Fr, Sa, So 12–16 Uhr

31 Föhr

Traumhafter Strand, lebendiges Künstlerdorf, skandinavische Kunst, viel Grün

Information

■ Föhr Tourismus GmbH, Am Fähranleger 1 (Reedereigebäude), 25938 Wyk, Tel. 04681/300, www.foehr.de

Kilometerlange weiße Sandstrände und ein mildes, vom Golfstrom begünstigtes Seeklima: Nicht umsonst wird Föhr auch die »Friesische Karibik« genannt. Auf etwa 82 km² Fläche warten abwechslungsreiche Angebote auf Besucher – egal, ob für einen Familienausflug, Wochenendtrip oder Aktivurlaub. Wie Amrum wird auch diese Insel vom Nationalpark Schleswig-Holsteinisches Wattenmeer umschlossen, ist also ein Teil des Weltnaturerbes der UNESCO. Knapp 8400 Insulaner teilen sich ihre Heimat mit 9000 Kühen, 2500 Schafen und 850 Pferden. Die Hälfte der Einwohner lebt im um das Jahr 1700 gegründeten Hafenstädtchen Wyk, das 1819 zum ersten staatlich anerkannten Seebad an der Nordseeküste Schleswig-Holsteins ernannt wurde. Bis 1864 gehörte der Inselwesten noch zum Königreich Dänemark, der Osten zum Herzogtum Schleswig. Die Föhringer wachsen dreisprachig auf: Neben Hoch- und Plattdeutsch wird hier auch Friesisch gesprochen.

Sehenswert

Wyk

| Stadtbild |

Der größte Ort der Insel besticht durch seine verwinkelten Gassen. Bei einem Spaziergang werden die typischen

Friesenhäuser erlebbar. Vor Wyk liegt auch der Sandwall, die etwa 3 km lange Strandpromenade, auf der man herrlich abschalten und den Blick übers Meer schweifen lassen, aber auch in einem der zahlreichen Restaurants die Nordseeluft auf der Terrasse schnuppern kann. Ruhiger ist es in den Wyker Parks, die nicht nur teils exotische Pflanzen beheimaten, sondern auch (je nach Jahreszeit) Störche, die sich dort niedergelassen haben.

■ Am Fähranleger 1 (Reedereigebäude), www.wyk.de, Okt.–März Mo–Fr 10–14, Sa, So nur bis 13 Uhr

Nieblum

| Stadtbild |

18 *Dörfliche Idylle mit duftenden Lindenalleen und Kapitänshäusern*

Zum schmucken Ortsbild gehört auch die Kirche St. Johannis. Als größte der drei Inselkirchen wird sie auch Friesendom genannt. Wie auf Amrum (siehe »Im Blickpunkt«, linke Seite) kennt man auch auf Föhr erzählende (bzw. »sprechende«) Grabsteine, die als steinerne Zeugen vom vergangenen Leben der Seefahrer erzählen. Eintauchen kann man in diese Welt auf den allesamt denkmalgeschützten Friedhöfen der St.-Johannis-Kirche hier in Nieblum, der St.-Laurentii-Kirche in Süderende und der St.-Nicolai-Kirche in Boldixum, das heute ein Stadtteil von Wyk ist.

■ Poststrat 2, 25938 Nieblum, Tel. 046 81/25 59, www.nieblum-online.de

Oldsum

| Stadtbild |

Der kleine Ort im Nordwesten der Insel ist Heimat zahlreicher Künstler, die Einblicke in ihre Ateliers und Werkstätten bieten. In liebevoll eingerichteten Läden kann man von Bildern über Töpferwaren, selbstgefärbter Wolle bis hin zu Marmeladen regionale Urlaubssouvenirs kaufen. Oldsums Wahrzeichen ist die schon von Weitem sichtbare, reetgedeckte Mühle, die seit 1972 als Wohnhaus genutzt wird. Ein Highlight im Sommer ist die an mehreren

Insel-Idyll: die blumengeschmückte Carl-Häberlin-Straße in Wyk auf Föhr

ADAC Mobil

Wer die Insel erkunden möchte, leiht sich am besten ein Rad oder E-Bike, damit kann man auch die abgelegeneren Ecken abfahren. *Buchung und Info über Föhr-Tourismus (S. 88), 7–10 €/Tag*

Terminen zwischen Juni und August veranstaltete »Zeitreise durch das Friesendorf Oldsum«: Dabei erzählen friesische Darsteller in der Tracht der jeweiligen Zeit Geschichten von den Schicksalen bekannter Dorfbewohner. ■ www.oldsum-auf-foehr.de

Museum Kunst der Westküste

| Museum |

Für Kunstliebhaber ist das Museum mit seiner hochkarätigen Gemäldesammlung zum Thema »Meer und Küste« ein echtes Muss. Die Sammlung umfasst über 650 Gemälde und Grafiken aus der Zeit von 1830 bis 1930, darunter Werke von Max Liebermann, Emil Nolde, Max Beckmann und Edvard Munch. In Wechselausstellungen zeigt das Museum zudem Exponate der internationalen Gegenwartskunst.

■ Hauptstr. 1, 25938 Alkersum, Tel. 046 81/74 74 00, www.mkdw.de, März–Okt. Di–So 10–17, Nov.–Anf. Jan. 12–17 Uhr, 8 €, erm. 4 €

Föhr-Amrum-Trail

| Wanderweg |

7 *Inselhopping mal anders – zu Fuß durchs Watt, mit der Fähre zurück*

Auf Föhr bietet sich eine ganz besondere Wattwanderung an: Vom Deichparkplatz Dunsum geht es auf einem rund 8 km langen Trail in ca. 2,5 Std. zur Nordspitze der Nachbarinsel Amrum. Dabei werden seichte Priele durchwatet, aber schon mal auch tiefere Löcher bezwungen. Mit der Fähre geht es für die Wattwanderer anschließend in etwa 45 Min. wieder zurück. Hunde sind gern gesehen, wenn sie angeleint bleiben.

■ Karten nur im Vorverkauf im W.D.R.-Gebäude am Hafen, Fam. 62,40 € (2 Erw. und max. 3 Kinder); oder mit Wattführer Dark Blome, www.der-inselläufer.de

Verkehrsmittel

Ab **Dagebüll** geht es mit der Fähre nach Föhr (mit oder ohne Auto). Wer sein Auto mitnimmt, sollte rechtzeitig reservieren. Wer sein Auto nicht mit auf die Insel nimmt, kann in Dagebüll auf dem Inselparkplatz parken. ■ Tel. 046 67/940 30, www.faehre.de

Wyk hat einen kleinen Flugplatz für Privatflugzeuge. Linienflüge gibt es auch: Der Anbieter Westküstenflug fliegt zweimal täglich von Föhr auf die Nachbarinsel Sylt und zurück (Flugzeit 12 Min.) sowie von Föhr aufs Festland nach Husum (Flugzeit 15 Min.) und zurück. ■ Kosten pro Flug: ab 95 €/P. bei drei Passagieren, www.flugplatz-wyk.jimdo.com, www.westkuestenflug.de

Parken

Neben vielen (kostenpflichtigen) Stellflächen kann man in Wyk auch kostenfrei parken: Heymannsweg (Hafennähe), Aquaföhr (Stockmannsweg 1).

Restaurants

€ | Saimons Ehrliche, leckere, alle 2–3 Tage wechselnde Küche. Eine feste Speisekarte gibt es nicht. ■ Jens-Jacob-Eschel-Str. 26, 25938 Nieblum, Tel. 046 81/ 964 34 84, www.saimons.de, Mi geschl.

€ | Speisekammer Frische Küche, Verkauf von Spezialitäten, überwiegend regional. ■ Wilhelmstr. 5, 25938 Wyk, www.speisekammer-foehr.de

Cafés

19 **Stelly's Hüüs** Hübsch eingerichtetes Friesenhaus aus dem Jahr 1837. Leckerer hausgemachter Kuchen. Verkauf von handgefertigten Keramiken. ■ Haus 38, 25938 Oldsum, Tel. 04683/306, Ostern–Nov. 11.30–18, übrige Monate 14–18 Uhr, Mo, Di geschl.

Einkaufen

Ziegenhof Matzen Ziegenkäse in allen Varianten, selbst produziert. ■ Aussiedlungshof 7, 25938 Oevenumer Marsch, Tel. 04681/501190, März–Okt., Weihnachten, Neujahr Mo, Mi, Fr 14–16 Uhr

Föhrer Snupkroom Bonbons, Lollis, Raketenlutscher, Zuckerstangen, Zuckerfiguren und vieles andere mehr aus eigener Herstellung. ■ Wohlackerum 2, 25938 Oevenum, www.foehrersnupkroom.de, Mo–Fr 10–17.30, Sa 12–17 Uhr

Erlebnisse

Winzerführung Weingut Waalem Das Weingut baut Johanniter sowie Solaris an und hat auch Führungen im Angebot. ■ Grevelingstieg 11, 25938 Nieblum, Tel. 04681/7474059, www.wein gut-waalem.de

32 Niebüll

Kulturreiches Städtchen, umgeben von Marsch und Deichland

Information

■ Tourist-Info Niebüll, Bahnhofstr. 6, 25899 Niebüll, Tel. 04661/941015, www.niebuell.de

In Niebüll startet der Autozug nach Sylt, aber vor der Weiterreise lohnt es sich, auch diesen Luftkurort mit seinen

Im Gänsemarsch unterwegs: Wattwanderung von Föhr nach Amrum

Touristische Drehscheibe im äußersten Nordwesten der Republik: Niebüll

interessanten Museen und dem quirligen Wochenmarkt (Sa 8–13 Uhr auf dem Rathausplatz) anzusehen.

Sehenswert

Friesisches Museum

| Museum |

Wie man früher Häuser gebaut hat, die der Sturmflut trotzen, zeigt dieses Museum mit seinem mehr als 200 Jahre alten reetgedeckten Langhaus. Im Inneren ist das typische Mobiliar des Friesenhauses zu sehen.

■ Osterweg 76, www.friesisches-museum.de, Juni–Sept. 14–16 Uhr, 2 €, erm. 1 €

Naturkunde-Museum

| Museum |

Die einheimische Natur und ihre Bewohner stehen hier im Mittelpunkt: Im Süßwasseraquarium tummeln sich Fische der Region, an Horchposten können Besucher Vogelstimmen lauschen und ein Bienenvolk hinter Glas erleben. Vom Fischreiher bis zum Seeadler reicht das Spektrum der Informationen. Hinzu kommen viele Mitmachangebote: wie das Bernsteinschleifen oder die Beobachtung der Schwarzen Sonne – so nennt man ein Naturphänomen, bei dem Hunderttausende Stare den Himmel verdunkeln.

■ Hauptstr. 108, Tel. 046 61/56 91, www.nkm-niebuell.de, April–Okt. Di–So 14–17.30 Uhr, Juni–Aug. auch Mo, 3 €, erm. 1,50 €

Richard-Haizmann-Museum

| Museum |

Der gelernte Kunsthändler Richard Haizmann (1895–1963) wurde zunächst für seine Tierplastiken bekannt und schuf schließlich als Maler, Bildhauer, Keramiker und Holzschneider ein umfangreiches, von der Idee der Einheit der Kunst geprägtes Werk. Neben der Dauerausstellung dazu zeigt das Museum im alten Rathaus auch Einzelausstellungen anderer Künstler.

■ Rathausplatz 2, Tel. 046 61/10 10, www.haizmann-museum.de, Di–Fr 11–16.30, Sa 11–13, So 14–17 Uhr, Eintritt frei

Cafés

Galerie-Café Ein kleines Café in einem umgebauten Bauernhof, geführt von einem Künstlerehepaar. ■ Dorfstr. 174, 25920 Risum-Lindholm, tgl. 14–18 Uhr

Events

Historisches Treyben Das größte Mittelalterfest Nordfrieslands findet jedes Jahr drei Tage lang Mitte/Ende Juli statt. ■ Badewehle, www.frisia-historica.de

33 Leck

Der Luftkurort wird auch als »grünes Herz Nordfrieslands« gerühmt

Information

■ Tourist Information, Hauptstr. 31, Tel. 046 62/77 50 00, www.urlaub-in-leck.de

Entscheidend für die Entstehung des bereits 1231 als Königsgut im Erdbuch des dänischen Königs Waldemar II. erstmals urkundlich erwähnten Ortes war seine Lage am Westrand des schleswigschen Geestrückens, wo die fruchtbare Marsch in die sandigere Geest übergeht. Bis zur Eindeichung und konsequenten Landgewinnung durch die Friesen reichte das Wattenmeer und damit auch das Wasser der Nordsee wohl über Jahrhunderte hinweg bis an den Geestrand. Die Lecker Au, heute nur noch ein kleiner Fluss, war damals schiffbar – der Anker im Wappen der Gemeinde erinnert daran, dass es hier einst auch einen Hafen gab.

Sehenswert

Langenberger Forst

| Landschaft |

Im Süden schließen sich kilometerlange Wander- und Radwege an, die einen erholsamen Spaziergang rund um die Fischteiche genauso ermöglichen wie eine Wanderung an den Deichen in Dagebüll. Am Rathausplatz starten zwei Nordfriesland-Erlebnisrouten für Radfahrer: der Ochsenweg, dessen Ursprung vermutlich bis in die Bronzezeit zurückreicht und der seinen Namen der Ochsendrift, einem bedeutenden, über diese Trasse verlaufenden Viehtrieb verdankt, sowie die Geestroute. Letztere ist benannt nach dem einst wenig ertragreichen Untergrund dieses Landschaftsraums (»Geest« kommt von »güst«: karg).

■ www.erlebnistouren-nordfriesland.de; Anmeldung für Führungen bei der Försterei Langenberg in Leck, Tel. 046 62/26 62

Augarten

| Park |

Pünktlich zum Frühjahrsbeginn erblühen in dem mitten im Ort, direkt an der Lecker Au gelegenen Augarten die Krokusse. Bei einem Spaziergang trifft man gelegentlich auf Boule-Spieler, die die naturbelassenen Flächen zu schätzen wissen. Und nicht zuletzt werden hier auch regelmäßig Feste und Konzerte veranstaltet (darunter Bürgerfest mit Entenrennen und Augartenparty).

■ Bergstr. 5

Restaurants

€ | **Frieseneck Sande** Passend zur typisch friesischen Einrichtung werden in dem Restaurant, das traditionelle

ADAC Mobil

Deutschlands nördlichste **Draisinenstrecke** zwischen Leck und Unaften verläuft über 21 km. Wem es unterwegs zu anstrengend wird, der kann für ein Picknick pausieren oder einen Abstecher zur Wassermühle in Schafflund oder zur Wikingeranlage in Wallsbüll machen.
Büllsbüller Chaussee 1a, Tel. 046 62/88 16 36, www.draisine-nordfriesland.de, Mai–Sept. tgl. 9.30–12, Rückfahrt ab 14 Uhr, 49–59 €

Der Sylt-Shuttle bringt Autos vom Festland nach Westerland auf der Insel Sylt

Küche auftischt und 1980 bescheiden als Imbiss anfing, auch Gerichte für den kleinen Hunger serviert. Mittagstisch, dazu kommen ein Imbiss mit Sofortverzehr und ein Partyservice. ■ Enger Str. 1, 25917 Enge-Sande, Tel. 04662/4446, www.frieseneck-sande.de, tgl. außer Mi 11–22.30 Uhr

Cafés

Coffee & Spirit Coole Cafébar; die Besitzerin ist Barista und Coffeologin. Eigene Röstung. Erlesene Auswahl an Spirituosen, angenehme Atmosphäre. ■ Hauptstr. 20a, www.coffee-and-spirit.com, Mi–Mo 10–18, So 12–18 Uhr

34 Klanxbüll

Leichte Brisen, frische Luft und eine Reetdachkirche, die ihresgleichen sucht

Information

■ Marktstr. 12, 25923 Niebüll, Tel. 04661/6010, www.klanxbuell.de

Letzte Ausfahrt Sylt: Direkt an der Nordsee gelegen, den Deich, den Hindenburgdamm und die Salzwiesen vor Augen, ist Klanxbüll die letzte Bahnstation vor der Nordseeinsel. Die Geschichte des Ortes ähnelt der von Leck – auch Klanxbüll wurde 1231 im Erdbuch des dänischen Königs Waldemar II. erstmals erwähnt und verdankt seine Entstehung dem Deichbau.

Sehenswert

»Unserer lieben Frau«
| Kirche |
Die um die Mitte des 13. Jh. errichtete Kirche, ein wehrhaft wirkender gewölbter Backsteinbau, ist das letzte noch existierende reetgedeckte Gotteshaus auf dem hiesigen Festland. Sehenswert sind im Inneren zwei Altäre, schöne Rundbogenfenster sowie eine 1641 aus der (bei einer Flut zerstörten) Kirche Volgsbüll nach Klanxbüll gebrachte Renaissancekanzel. ■ Kirchenweg, www.kirche-klanxbuell.de

Vierkanthof Charlottenhof
| Gebäude |
Knapp 250 Jahre gehörte der Hof zu einem großen landwirtschaftlichen Betrieb, ehe er zu einem Kultur- und Tagungszentrum ausgebaut wurde. ■ Osterklanxbüll 4, Tel. 04668/92100, www.dercharlottenhof.de

Infozentrum Wiedingharde

| Kulturzentrum |

Hier werden Geschichte, Natur und Kultur miteinander verwoben. Untergebracht in einer Jugendstilvilla, bietet Wiedingharde aber nicht nur Wissenswertes über die gleichnamige Region. Im »Umsonstladen Tante Ilse« kann sich jeder kostenlos bedienen. Zudem gibt es einen kleinen Bereich, in dem man Handgemachtes entdecken kann. Die Dauerausstellung gibt einen Einblick in das Leben hinterm Deich.
■ Toft 1, Tel. 046 68/313, www.wieding harder-infozentrum.de, Mitte Juni–Mitte Sept. Mo–Sa 9–16, So nur bis 13, übrige Monate Mo 9–18, Di–Fr 9–13 Uhr, Eintritt frei

P Parken

In diesem Ort gibt es viele Parkplätze und -häuser, in denen man recht günstig sein Auto abstellen kann. Das lohnt sich vor allem für Gäste, die auch noch einen Ausflug nach Sylt unternehmen wollen. ■ Spangweg 22c, 0,50 €/Std., max. 4 €/Tag; Parkhalle Süderhörn 8: 4 €/Tag, Motorradfahrer können hier nicht nur ihr Zweirad abstellen, sondern auch ihre Schutzkleidung lagern, 5 €/Tag

Cafés

Altes Zollhaus Selbstgebackene Torten und Kuchen warten nur 200 m von der dänischen Grenze entfernt. ■ Norddeich 3, 25924 Rodenäs, www.cafe-zollhaus.eu, Frühling–Herbst Mi–So 14–18, sonst Fr–So 14–17 Uhr

In der Umgebung

Nolde Stiftung Seebüll

| Museum |

8 *Das beliebteste Kunstmuseum an Schleswig-Holsteins Nordseeküste*

Auf einer Warft, einsam in der flachen Landschaft, liegt das ehemalige Wohn- und Atelierhaus, das der Künstler im Jahr 1927 selbst entworfen hat. Heute als ein Museum eingerichtet, sind seine Wohnräume im Erdgeschoss noch original möbliert und teilweise ein-

Rotklinkerbau mit flachem Dach: Emil Noldes ehemaliges Wohnhaus und Atelier

Im Blickpunkt

Emil Nolde: ein Meister in Farbe und Form

Wer durch die weite Landschaft der Region gewandert ist, der kann gut verstehen, wieso Emil Nolde so gemalt hat, wie er gemalt hat: Als Emil Hansen im Jahr 1867 im Ort Nolde im deutsch-dänischen Grenzland geboren, machte der Maler zunächst eine Lehre als Holzschnitzer und Möbelzeichner. Später unterrichtete er am Gewerbemuseum in St. Gallen. Seine anfangs noch realistisch gestalteten Zeichnungen und Gemälde fanden schnell Anklang, und so entschloss er sich zu einem Kunststudium. Bald entwickelte er seinen expressionistischen Stil: Typisch dafür sind seine ausdrucksstarke Farbwahl und die verschwommenen Konturen. Nun in Berlin lebend, verbrachte er seine Sommer gern auf Föhr und kaufte sich im Jahr 1926 eine Warft, die er »Seebüll« nannte. Berühmt ist Nolde auch für seine »ungemalten Bilder« – eine umfangreiche Serie kleinformatiger Aquarelle, von denen die meisten in der Zeit nach seinem Ausschluss aus der Reichskunstkammer (1941) – faktisch ein »Berufsverbot« – entstanden. Emil Nolde starb im Jahr 1956 in Seebüll.

zusehen. Im ehemaligen Atelier des Malers (Erdgeschoss) sind seine religiösen Bilder zu sehen, im ersten Stock seine Aquarelle und Druckgrafiken.

■ Seebüll 31, 25927 Neukirchen, www.nolde-stiftung.de, März–Nov. tgl. 10–18 Uhr, 8 €, Kinder bis 12 J. frei

Nolde-Weg

| Wanderweg |

20 *Mit den Augen des Malers dessen einstige Heimat sehen*

Der Wanderweg beginnt an der Rückseite des historischen Rotklinkerbaus von Emil Nolde. Hier sollte man immer mal wieder zum Himmel schauen, um die Wolken zu beobachten, die sich zu eindrucksvollen Formationen auftürmen und kurz vor dem Regen dramatische Stimmungen erzeugen. Der Weg (Dauer: ca. 1 Std.) führt zu Noldes originalgetreu nachgebautem Fischerboot. Ein weiterer hinter dem Nolde-Museum beginnender Weg führt zum Hülltoft Tief, ebenfalls eine typische Marschlandschaft.

Aventoft

| Ortsbild |

Gleich zwei Grenzübergänge von und nach Dänemark besitzt das Dorf. Im Ortsteil Rosenkranz verlief früher die Grenze zwischen der deutschen und der dänischen Zollstelle mitten auf der Straße: Die linke Straßenseite gehört zu Dänemark, die rechte zu Deutschland. Hier befindet sich auch der nördlichste Segelflugplatz Deutschlands.

■ 25927 Aventoft, www.aventoft.de

Werner-Weckwerth-Museum

| Museum |

Von einem großen Naturgarten umgeben präsentiert das dem expressionistischen Maler Werner Weckwerth (1906–1996) gewidmete Museum dessen in 60 Schaffensjahren entstandenen Ölbilder, Aquarelle, Temperabilder, Pastelle und Zeichnungen.

■ Wellumweg 50, 25924 Friedrich-Wilhelm-Lübke-Koog, Tel. 046 68/296, www.werner-weckwerth-museum.de, März–Okt. Fr–So 15–18 Uhr

Übernachten

Ob edel auf der Insel mit atemberaubendem Blick über das Wattenmeer, in einem alten Wasserturm ganz romantisch zu zweit oder ganz einfach im Strandkorb – bei den Übernachtungsmöglichkeiten im Norden zeigt sich eine überraschende Vielfalt – so manche davon mit hohem Romantikfaktor.

Dagebüll 84

€€ | **Ferienhaussiedlung** Dort, wo sich die bunten Reihenhäuser aneinanderschmiegen, kann man sein eigenes Häuschen mieten, gleich hinterm Deich mit Spielplatz, Sauna vor der Tür und Kamin im Haus. ■ Buchbar über Novasol, www.novasol.de

€€€ | **Leuchtturm** Eines der kleinsten und außergewöhnlichsten Hotels in Deutschland – ein romantisches Hideaway. ■ Der Turm ist meist schon ein Jahr im Voraus ausgebucht, Osewoldter Sielzug, www.leuchtturm-dagebuell.de

Amrum 85

€ | **Mein Inselhotel** Kleines Haus mit persönlicher Note und interessanten Arrangements. ■ Madelwai 4, 25946 Norddorf, Tel. 04682/94500, www.mein-inselhotel.de

€€€ | **Pidder Lyng** Der zum Vier-Sterne-Hotel umgebaute Kuhstall zählt zu den besten Häusern der Region. Atemberaubender Blick auf das Wattenmeer. ■ Bideelen 5, 25946 Norddor, Tel. 04682/94440, www.pidderlyng.de

Föhr 88

€ | **Heuherberge in Süderende** Hier wird im Heu in gemütlichen Boxen geschlafen. Es gibt auch ein Allergikerzimmer. Nebenan lädt ein hübsches Landcafé zur Einkehr ein. ■ www.heuherberge-foehr.de

€ | **Strandkorb** Schlafen am Strand – in Nieblum, Wyk und Utersum stehen vier Strandschlafkörbe zur Verfügung. ■ www.foehr.de/schlafstrandkorb

€€ | **Ulmenhof & Spa** Schöne Jugendstilvilla aus dem Jahr 1903. Geräumige Doppelzimmer, Sauna und Pool. ■ Tondernsche Str. 4, 25821 Bredstedt, Tel. 04671/91810, www.ulmenhof.de

Niebüll 91

€€ | **Inselpension** Hübsch renoviert, mit gut ausgestatteten Zimmern, viel Komfort und Ladestation für Elektroautos. ■ Gotteskoogstr. 2–4, 25899 Niebüll, Tel. 04661/2145, www.inselpension.de

€€ | **Wasserturm** Hier schwebt man förmlich über den Häusern, stilvoll mit ganz viel Tageslicht durch die Sprossenfenster. Eine kleine Küche gibt es auch. ■ Buchung über Hotel Inselpension, siehe oben

Leck 93

€ | **Hotel Friesland** Gemütliche, helle Zimmer in skandinavischem Stil. Am Augarten gelegen. ■ Norderbergstr. 34–36, 25917 Leck, Tel. 04622/87010, www.hotelnordfriesland.de

Sylt – Deutschlands nördlichste Insel

Raue See und bizarre Kliffe, einsame Dünenlandschaften und pulsierendes Leben in Westerland & Co.

Wer an die Nordsee reist, sollte Sylt zumindest einen Besuch abstatten. Knapp 100 km² groß ist die sich in Nord-Süd-Richtung vor der Nordseeküste Schleswig-Holsteins und Dänemarks erstreckende größte Nordsee-Insel. Und keine andere bietet so viel Abwechslung wie die Heimat der berühmten Sansibar. Einsame Dünenlandschaften und bizarre Kliffe auf der einen Seite, das pulsierende Leben in Westerland und Kampen auf der anderen. Dabei muss Sylt gar nicht teuer sein. Neben erstklassigen und entsprechend hochpreisigen Hotels gibt es hier nämlich auch reichlich preiswerte Unterkünfte wie Ferienwohnungen und Campingplätze. Zudem lässt sich das Nordsee-Eiland, an dessen Küste mehr als 350 Schiffswracks getrieben wurden, bequem per Autozug und Fähre oder mit dem Flugzeug erreichen. Und ist man erst einmal da, will man so schnell nicht mehr weg.

In diesem Kapitel:

ADAC Top Tipps:

9 Buntes Kliff, Morsum
| Küste |

In Morsum, unweit des die Insel Sylt mit dem Festland verbindenden Hindenburgdamms, wartet eine viele Millionen Jahre alte Gesteinsgeschichte auf den Besucher. 104

10 Ellenbogen, List
| Naturschutzgebiet |

Ruhe und Einsamkeit findet man ganz im Norden der Insel, im Naturschutzgebiet Ellenbogen. 114

ADAC Empfehlungen:

21 Friedrichstraße, Westerland
| Fußgängerzone |

Boutiquen, Restaurants, Geschäfte – das Angebot hier ist enorm. 101

22 Führung durch Keitum
| Stadtbild |
Auf den Spuren ehemaliger Kapitäne und ihrer Häuser geht es durch den pittoresken Ort. 108

23 Braderuper Heide
| Landschaft |
Mit Blick aufs Wattenmeer durch eine der letzten großflächig erhaltenen, von Wanderwegen durchzogene Heidelandschaften spazieren. 110

24 Strandsauna, List
| Entspannung |
Vor allem an ungemütlichen Tagen bietet sich ein Besuch in der Strandsauna an. 117

25 Sansibar, Rantum
| Restaurant |
Die bekannteste Strandbude Deutschlands ist ein Muss für Sylt-Gäste – und das kulinarische Angebot einfach top! 118

35 Westerland

Flanieren und promenieren, sehen, erleben, genießen ...

Für die kleine Auszeit vom quirligen Treiben der Inselkapitale stehen Strandkörbe bereit

Information

- Sylt Tourismus, Strandstr. 35, 25980 Sylt/Westerland, Tel. 046 51/99 82 47, www.insel-sylt.de
- Parken: siehe S. 102

Westerland ist das Eingangstor Sylts – zumindest, wenn man mit der Bahn anreist. Bausünden der 1970er-Jahre beeinträchtigen zwar ein wenig das Flair, doch dafür punktet die Stadt mit Promenade und Einkaufsstraßen. In den zahlreichen Cafés an der Strand- oder Friedrichstraße gibt es eine große Auswahl leckerer Kuchen, die man mit Blick auf die flanierenden Urlauber und Sylter genießen kann. Vor der Küste haben die berühmten Surf-Cups ihren Platz. Die Auswahl an Unterkünften und Restaurants ist enorm. Wer es etwas günstiger haben möchte, begibt sich nach Tinnum, das mit Westerland beinahe zusammengewachsen ist und sich zunehmend aus dem Schatten der »Hauptstadt« löst.

Sehenswert

1 Reisende Riesen

| Skulpturengarten |

Direkt am Bahnhof stemmen sich die 4 m großen Skulpturen des Künstlers Martin Wolke gegen den stürmischen

Plan S. 102

Wind – sie polarisieren und provozieren seit 2001. Seitdem zählen sie zu den beliebtesten Fotomotiven Westerlands.

2 Rathaus

| Bauwerk |

Neben einem Spielcasino (dem kleinsten in ganz Deutschland) gibt es innerhalb des Rathauses auch verschiedene Galerien, in denen immer mal wieder verschiedene Künstler wie Otto Waalkes und Udo Lindenberg ihre Werke ausstellen. Architektonisch erkennt man in dem Gebäude aus dem Jahr 1897 Elemente aus dem Jugendstil. Seit 1985 steht es unter Denkmalschutz.

■ Andreas-Nielsen-Str. 1

3 Friedrichstraße

| Fußgängerzone |

21 *Boutiquen, Restaurants, Geschäfte – das Angebot hier ist enorm*

Auch wer mehr die Ruhe und Natur der Insel schätzt, sollte einmal die Friedrichstraße entlanglaufen. In der Hochsaison wimmelt es hier nur so von Urlaubern, die sich bei Leysieffer in die Schlange stellen und auch mal eine halbe Stunde auf eine Kugel Eis warten. Wer sich keinen Platz in einem der Terrassenlokale gönnen möchte, geht bis zum Ende, passiert den Strandübergang und genießt an der Promenade den Blick aufs Meer.

4 Sylter Welle

| Schwimmbad |

Wem es draußen zu stürmisch ist, der kann in der Sylter Welle seine Bahnen ziehen. Außerdem gibt es diverse Rutschen und eine Saunalandschaft.

■ Strandstr. 32, www.sylterwelle.de, tgl. 10–22 Uhr. Auf dem Parkplatz nebenan können Besucher 3 Std. lang gratis parken.

ADAC Mobil

Alle **Linienbusse** der Insel sind mit **Fahrradträgern** ausgestattet und können bis zu fünf Räder zeitgleich transportieren. Man sollte sich vorher beim Fahrer melden und erst danach das Rad hinten in den dafür vorgesehenen Ständer stellen. Probleme könnte es bei E-Bikes geben, die den Akku nicht am Gepäckträger, sondern im Bereich der Mittelstange angebracht haben.

5 Kurpromenade

| Promenade |

Einem der vielen (kostenlosen) Konzerte in der Musikmuschel lauschen, einen Crêpe mit Blick auf die See genießen oder einen Spaziergang entlang des Westerländer Strandes unternehmen: ein idealer Ort, um abzuschalten.

6 St. Niels

| Kirche |

Das 1637 errichtete, dem Schutzheiligen der Seefahrer, Nikolaus von Myra (Niels ist eine Kurzform von Nikolaus) gewidmete Gotteshaus ist das ältestes Gebäude Westerlands. Der spätgotische Altar und das Kruzifix über dem Bogen zum Altarraum aus dem 15. und 16. Jh. sind besonders sehenswert. Auf dem Friedhof der Heimatlosen (1,5 km südwestlich) sind Seeleute begraben, die im Meer umkamen und hier angespült wurden. Da ihre Identität nicht zweifelsfrei geklärt werden konnte, fanden sie hier ihre letzte Ruhestätte.

■ Kirchenweg 37, 10–16 Uhr

P Parken

Rund um die Innenstadt ist das Parken recht teuer, zudem oftmals zeitlich begrenzt. Einige Parkplätze 5 €/Tageskarte. Wer kann, fährt mit dem Rad in die Stadt oder parkt außerhalb.

Restaurants

€€ | Weinhaus Schachner Vinothek, Bistro und Feinkost: Ein wenig versteckt abseits des großen Trubels gibt es bei Martin Schachner leckere Kleinigkeiten zu essen und eine erfreulich große Auswahl an Weinen. Außerdem: individuelle Gin-Sorten. ■ Bismarckstr. 12, Tel. 04651/26519, www.weinsylt.de, Plan S. 102 südl. a3

€€–€€€ | Bistro S-Point Sylt Unscheinbar am Strandübergang gelegen, lockere Atmosphäre, tolle Küche. ■ Lornsenweg 7, Tel. 046 51/350 47 46, www.s-point-sylt.de, Mi–Mo 12–21.30, Di 12–18 Uhr (Kiosk), Plan S. 102 südl. a3

€€€ | Strandoase Top-Lage direkt am Meer – begehrt sind die Plätze am Steg. ■ Lorens-de-Hahn-Str. 42, Tel. 046 51/446 46 96, www.strand-oase.de, 11.30–22 Uhr, Plan S. 102 südl. a3

Einkaufen

Drachenhöhle Auf wenigen Quadratmetern in einem Hinterhofgeschäft gibt es hochwertige, pädagogisch wertvolle Spiel- und Sportsachen vom Jonglierzubehör über Lenkdrachen bis zu Powerkites. ■ Friedrichstr. 6, Tel. 046 51/92 97 90, www.drachenhoehle-sylt.de, Sommer Mo–Sa 10–18, So 12–17, Winter Mo, Di, Do, Fr 11–17, Sa 11–14 Uhr, Plan S. 102 b3

Inselkind Kirstin und Angelo bieten nette Strandmode mit Blick auf Nachhaltigkeit, teils gefertigt auf Sylt. Die Mützen sind z. B. allesamt Unikate. ■ Stephanstr. 8, Tel. 046 51/446 79 77, www.inselkind.com, Mo–Fr 10–18 (im Winter 11–16), Sa 10–16 Uhr, Plan S. 102 b3

Schokoladenmanufaktur Hier gibt es süße Kunstwerke, die sich auch als Mitbringsel eignen. Zudem kann man einen Blick in die Produktionshalle werfen. ■ Zum Fliegerhorst 15, www.cafe-wien-sylt.de, in der Saison 10–18 Uhr, Plan S. 102 südöstl. c3

Events

Surfcup Alljährlich finden im Sommer am Brandenburger Strand und vor Westerland Weltklasse-Events der Surfer statt. Außerdem hat sich Sylt mittlerweile als Kitesurfer-Paradies etabliert. Dabei kommt man den Weltklasse-Aktiven der Surferszene so nah wie in kaum einer anderen Sportart. ■ www.sylt-surfcup.de

Kinos

Kinowelt Es gibt vier Säle, in denen alle wichtigen Premieren und Filme laufen. ■ Strandstr. 9, www.kinowelt-sylt.de, ab 13 Uhr, Plan S. 102 b2

Kinder

Villa Kunterbunt Kinder im Alter von 3 bis 13 Jahren dürfen hier unter Aufsicht spielen, toben, malen, feiern. Zudem gibt es viele Extra-Aktionen und einen großen Spielplatz. ■ Obere Promenade, Tel. 046 51/99 82 75, Mai–Okt. Mo–Fr 9–17, Nov.–April Mo–Fr 10–15 Uhr, 15 € für 3 Std., Plan S. 102 a2

ADAC Spartipp

Wer mit dem Auto anreist und mit dem Zug über den **Hindenburgdamm** möchte, zahlt an einigen Wochentagen deutlich weniger für die Überfahrt als am (verlängerten) Wochenende. Dazu kauft man die DiMiDo-Fahrkarte. Allerdings müssen Hin- und Rückfahrt an einem Dienstag, Mittwoch oder Donnerstag stattfinden und dürfen nicht mehr als zwei Monate auseinanderliegen. An Feiertagen kann es Ausnahmen geben. Der blaue Autozug ist etwas günstiger. Günstig ist es auch, mit der Fähre ab Rømø auf die Insel zu fahren.
www.autozug-sylt.de, www.syltshuttle.de

Tierpark Vor allem Eltern mit kleinen Kindern oder Großeltern mit ihren Enkeln finden hier viel Abwechslung. Exotische wie einheimische Arten leben auf rund 3 ha. Neben den rund 400 Tieren gibt es auch einen Teich mit Tretbooten (kostenlos) und eine Hüpfburg. ■ Ringstr. 100, Tel. 04651/32601, Mai–Okt. 10–19 Uhr, 12 €, Kinder 6 €, Plan S. 102 südöstl. c3

In der Umgebung

Tinnumburg

| Festungsanlage |

Von der einstigen Tinnumburg blieb noch ein ringförmiger Wall erhalten. Ausgrabungen lassen auf ein Alter von rund 2000 Jahren schließen. Neben der zerstörten Burg in Archsum und der unter Dünen begrabenen in Rantum war die Tinnumburg die dritte ihrer Art auf Sylt. Der heute erhaltene, 8 m hohe und 120 m im Durchmesser große Wall kann frei besichtigt werden. ■ Zugang über Borigwai oder Strandweg

Cafés

Kleiner Kuhstall Hofcafé mit selbstgebackenen Kuchen, klein, liebevoll und mit Bauernhofanschluss. ■ Südhörn 7c, www.kleinerkuhstall.de, tgl. 12.15–18.15 Uhr

36 Morsum

Der Ort bietet Ruhe und Genuss sowie ein staunenswertes Naturschauspiel

Information

■ Sylt Tourismus, Bi Miieren 17, 25980 Sylt/Morsum (im Muasem Hüs), Tel. 04651/9980, www.insel-sylt.de

ADAC Wussten Sie schon?

Auch an der Nordsee können Sie sich »auf Safari« begeben, um die »Big Five« zu beobachten. Doch statt Löwe, Elefant, Nashorn, Leopard und Büffel wie in Südafrika, locken hier Seeadler, Seehund, Schweinswal, Stör und Kegelrobbe. Alternativ dazu gibt es die »Small Five«: Wattwurm, Wattschnecke, Strandkrabbe, Herzmuschel und Nordseegarnele. Und hoch am Himmel auch noch die »Flying Five«: Austernfischer, Ringelgans, Silbermöwe, Brandgänse, Alpenstrandläufer.

Hier zeigt die Insel ihre ruhige Seite. Es fehlt zwar ein Sandstrand, dafür laden Heide, Watt, Wälder und Wiesen zu Spaziergängen ein. Am östlichsten Zipfel der Insel hat man einen herrlichen Blick auf Hindenburgdamm und Festland.

Sehenswert

Buntes Kliff

| Küste |

9 *Europaweit einzigartig: das bunte Kliff an der Küste von Morsum*

Geologische Einblicke bieten die Sedimentschichten am Bunten Kliff. Die drei Erdschichten sind bis zu 10 Mio. Jahre alt. Vor etwa 120 000 Jahren sorgten Gletscher dafür, dass die parallel laufenden Schichten in ihre heutige, senkrechte Position hochgedrückt wurden. Seit 1923 unter Naturschutz, ist das Kliff fast 2 km lang und bis zu 21 m hoch. Limonit, Kaolin, Syltium – die Schichten schimmern in den schönsten Farben. Ein Fußweg führt bis zur Wasserkante, wo das Gestein in Augenschein genommen werden kann.

■ Anfahrt bis zum Parkplatz des Landhauses Severin*s, von dort weiter zu Fuß. Führungen April–Okt. Mo, Mi, Fr 11.15, Di, Do 14 Uhr, Spendenempfehlung 7,50 €, Kinder 3,75 €, www.naturschutz-sylt.de

Restaurants

€€€ | **Severin*s** Im ehemaligen Landhaus Nösse bietet das Severin*s gehobene Küche mit regionalen Produkten. Man kann auch zur Kaffeezeit einkehren oder den Mittagstisch genießen. ■ Nösistig 13, Tel. 04651/460 6880, www.landhaus-severins.de

Einkaufen

Sylter Seifenmanufaktur Ob mit Pulver aus den Schalen der »Sylter Royal«-Austern, Heidehonig von der Morsumer Imkerei oder mit Sylter Meersalz – hier gibt es in Handarbeit gefertigte Seifen mit Ingredienzien von der Insel. ■ Sylter Seifenmanufaktur, Bi Miiren 11, Tel. 04651/4609977, www.sylterseifen.de

Hofladen Familie Hoffmann In diesem hübschen Laden gibt es neben regionalen und selbstgemachten Leckereien auch Arbeiten aus Wolle und vieles andere mehr. Mal reinschauen lohnt sich immer, und wer mit Kindern unterwegs ist, kann diese während des Einkaufs auf dem Bauernhof Ziegen, Ponys und Hühner betrachten lassen. ■ Boy Hoffmann, Skellinghörn 13, Tel. 04651/890238

Events

Ringreiten Von Frühjahr bis Herbst ist im Osten der Insel Hochsaison fürs Ringreiten. Die Pferdesportart stammt aus dem 14. Jh. An Galgen ähnelnden Holzbauten baumelt dann jeweils ein kleiner Messingring (1–2 cm im Durchmesser), den die Ringreiter mit einer Lanze aufspießen müssen – und das Ganze zu Pferd und im Galopp. In Morsum und Keitum gibt es gleich mehrere Turniere über das Jahr verteilt. ■ www.ringreiten.de

Naturschauspiel im Naturschutzgebiet: das Bunte (auch: Morsumer) Kliff

Friesenhaus in Keitum mit typischem Reetdach aus getrocknetem Schilfrohr

37 Keitum

Pittoreskes Dorf mit schönen Kapitänshäusern, beschaulich und elegant

Information

■ Tourismusinformation, Gurstig 23, 25980 Sylt/Keitum, Tel. 046 51/299 03 97, www.keitum.de

Bei einem Rundgang entlang malerischer Wege mit Blick auf reetgedeckte Häuser bekommt man noch heute einen Eindruck vom einstigen Wohlleben der Kapitäne. Statt der rauen, stürmischen und offenen Nordsee bietet der im Osten der Insel gelegene Ort das Wattenmeer mit Blick aufs grüne Kliff und gleich zwei spannende Museen. Im Hüs Krekenskit am Gurstig lebte bis zu seinem Tod Boy Lornsen (1922–1995), der Bildhauer und Autor des Jugendbuchklassikers »Robbi, Tobbi und das Fliewatüüt«.

Sehenswert

St. Severin

| Kirche |

Der Turm der auf dem höchsten Punkt des Sylter Geestkernes stehenden Kirche ist weithin sichtbar. Bekannt ist diese auch für die Orgelkonzerte, die Gäste von weither nach Keitum locken: Mit 4000 Pfeifen und 46 Registern erklingt hier die größte Kirchenorgel Nordfrieslands. Mittwochabends werden gern Kammer-, Solo- oder Chorkonzerte gegeben. Urkundlich erwähnt wurde die Kirche erstmals im Jahr 1240. Am Ostfenster sind noch die ursprünglichen romanischen Elemente zu erkennen. Auf dem angrenzenden Friedhof erzählen die Grabsteine bis in das 17. Jh. zurückreichende Lebens- und Familiengeschichten; darunter finden sich auch viele prominente Namen.

■ Pröstwai 20, Tel. 046 51/317 13, www.st-severin.de, 10–16 Uhr, Parkplatz gegenüber oder direkt an der Kirche

Altes Haus

| Museum |

Wer sich einen Eindruck von der Wohnkultur im 18. Jh. verschaffen möchte, ist im Alten Haus genau richtig. Bis zu seinem Tod 1870 wohnte dort der Lehrer Christian Peter Hansen, dessen Einrichtung weitestgehend erhalten blieb.

■ Am Kliff 13, Tel. 046 51/311 01, www.soelring-foriining.de, April–Okt. Mo–Fr 10–17, Sa, So, Fei 11–17, Nov.–März Do–Sa 11–15 Uhr, 7 €, Kinder 2,50 €

Heimatmuseum

| Museum |

Hier wird die Geschichte der Insel nachvollziehbar: Nicht nur die Besiedlung von Sylt ist ein Thema, auch über die Sylter Kultur erfährt man viel Wissenswertes. Wie wichtig etwa der Walfang für die Bevölkerung war, verdeutlichen ein großes Skelett im Garten und die zu einem Torbogen umfunktionierten Kieferknochen eines Finnwals.

■ Am Kliff 19a, Tel. 046 51/311 01, www.soelring-foriining.de, April–Okt. Mo–Fr 10–17, Sa, So, Fei 11–17, Nov.–März Do–So 11–15 Uhr, 8 €, Kinder 2,50 €

Grünes Kliff

| Landschaft |

Den Übergang der höher gelegenen Geest zum Marschstreifen am Wattenmeer nennt man in Keitum »Grünes Kliff«. Gräser und Wildkräuter begleiten den teils mehrere Meter hohen Abhang. Ein abwechslungsreicher Pfad führt vom bronzezeitlichen Grabhügel Tipkenhoog am südöstlichen Rand Keitums entlang des Wattenmeeres bis zum Hafen Munkmarsch, einst der Hauptankunftsort der Insel. Direkt neben dem Grabhügel Tipkenhoog befindet sich übrigens das etwa 4500 Jahre alte Megalithgrab Harhoog. Unterwegs bieten sich auf teils verwunschenen Wegen immer wieder wunderbare Blicke über die Nordsee oder auf die reetgedeckten Friesenhäuser des Ortes. Zwischendurch bieten Bänke die Möglichkeit zum Verweilen. Ein schönes Fotomotiv zeigt sich im Gegenlicht morgens an der Lügenbrücke kurz vor Munkmarsch (von Keitum aus kommend). Den Namen erhielt das hölzerne Bauwerk vom Vorgängermodell. Einer Sylter Geschichte nach erzählten Eltern ihren Kindern, dass die Brücke einstürzen würde, sollten sie lügen.

P Parken

Die Wege und Straßen in Keitum sind recht eng, gerade in der Hauptsaison. Am Friedhof rund um St. Severin geht es entspannter zu. Von dort sind es nur wenige Minuten ins Dorfzentrum. Etwas näher ist es vom Ende der Straße am Tipkenhoog.

Restaurants

€ | **Hafenkneipe** Hier kann man hautnah das Leben der Einheimischen miterleben, denn jeder echte Sylter kennt die Kneipe direkt gegenüber dem Fünfsternehotel Fährhaus mit direktem Blick auf die Schiffe im Hafen. Betrieben wird die Hafenkneipe vom Segelclub. ■ Munkmarsch, Bi Heef 2, Tel. 046 51/318 71

€€ | **Brot & Bier** Hier gibt es raffinierte Stullen-Kreationen von Sven Pietschmann, der zuvor im Fährhaus Munkmarsch mit Alexandro Pape zwei Sterne erkochte. Serviert werden acht verschiedene Brotsorten, garniert z. B. mit Tranchen vom Vidal-Lachs aus der Sylter Meersalzbeize. Dazu gibt es selbstgebrautes Bier. ■ Gurtstig 1, Tel. 04651/9363743, www.brot-und-bier.de, Mo–Sa 13–21, ab 19.30 Uhr nur noch Getränke

Cafés

Kleine Teestube Die Räumlichkeiten sind zwar klein, aber gemütlich. Lieber etwas eher kommen, um sicher einen Platz zu ergattern. Es gibt leckere hausgemachte Kuchen. ■ Westerhörn 2, Tel. 04651/31862, Fr–Mi 10–18 Uhr

Kontorhaus Keitum Von der Terrasse geht der Blick über Felder und Wiesen. Der Teeraum im Innern hat britisches Flair. Im vorderen Bereich des Kontors gibt es alles rund ums Thema Tee käuflich zu erwerben. Zudem bieten Franziska und Wolfgang Zaeske Übernachtungsmöglichkeiten an. ■ Siidik 15, Tel. 04651/889 1194, Café Mo–Sa 10–18, So 10– 13, Teekontor Mo–Sa 10–18 Uhr

Nielsens Kaffeegarten Modernes Café mit Wintergarten und Terrasse, herrlicher Blick übers Wattenmeer. ■ Am Kliff 5, Tel. 04651/31685, Mi–Mo 8–18 Uhr

Einkaufen

Kunsthandwerk und Töpferei Wunderschön im Witthues gelegen, bietet Anka Weber Kunsthandwerk an und Ausstellungen von Künstlern und Designern. ■ Am Kliff 5A, Tel. 04651/3606, www.witthues-keitum.de

Glasatelier Antje Otto Unikate in handwerklicher Herstellung. Besucher haben die Möglichkeit, bei der Arbeit an der Flamme zuzusehen und mitzuerleben, wie ein Gefäß entsteht. ■ Im Bahnhof, Bahnhofstr. 37, Tel. 04651/32933, www.glaskunst-antjeotto.de, Mo–Fr 10–13 und 15–18, Sa 10–13 Uhr

Events

Poloturnier Klassisch auf Rasen findet jährlich das German Master Poloturnier auf dem Keitumer Poloplatz statt. Eine Woche lang treten in der Regel vier Weltklasse-Teams gegeneinander an. Bis zu 15000 Besucher werden alljährlich erwartet. ■ Siidik 3, www.polosylt.de, Parkmöglichkeiten direkt am Platz, Eintritt je nach Veranstaltungstag 10–15 €

Erlebnisse

22 **Führung durch Keitum** Das ganze Jahr hindurch finden in Keitum interessante Dorfführungen statt. Teilnehmer erfahren die Geheimnisse der beliebten Friesenwälle und hören Geschichten zu den Kapitänshäusern sowie über die Zeit, als zu diesem Ort noch ein Hafen gehörte. Die meisten dieser Häuser stammen aus dem 18. Jh., als die Menschen hier vom Walfang lebten. Gebaut sind sie alle gleich – in Ständerbauweise und in West-Ost-Ausrichtung, um die lange Hausfront vom Wind fernzuhalten (gewohnt wurde im Ostteil, das Vieh lebte im Westteil). ■ Karten gibt es in der Touristinformation »Alte Post«, Stephanstr. 6, Westerland, sowie in allen insularen VVK-Stellen. Preise je nach Führung

38 Wenningstedt-Braderup

Familienfreundliches Nordseebad mit langen Stränden und Heidelandschaft

Information

■ Touristeninformation Wenningstedt, Westerlandstr. 3, Tel. 04651/98900, www.wenningstedt.de

Auf dem Holzweg: in den Dünen von Wenningstedt-Braderup

Vor allem Familien zieht es immer wieder ins Nordseeheilbad Wenningstedt – die Wege von den Unterkünften zum Strand sind kurz. Auch kulturell gibt es viel zu entdecken zwischen Nordseestrand und Braderup.

Sehenswert

Friesenkapelle

| Kirche |

Ein ruhiger Ort der Einkehr ist die idyllisch gelegene, mit holländischen Dachziegeln gedeckte, aus rotem Backstein errichtete Kapelle am Dorfteich, in der gelegentlich auch Konzerte stattfinden. Im Inneren ist die mit biblischen Motiven im Stil der Bauernmalerei bemalte Halbtonnendecke interessant.

■ Am Dorfteich

Sylter Sagenwald

| Märchenwald |

Spielerisch und lehrreich eintauchen in die Sylter Sagenwelt. Zu den spannenden Geschichten von Autor Frank Deppe auf Infotafeln gibt es ein Spielgerät aus natürlichen Materialien.

■ Wäldchen hinterm Campingplatz

Denghoog

| Museum |

Das Hügelgrab im Schatten der Friesenkapelle wirkt zwar etwas unscheinbar, ist aber das bedeutendste in Schleswig-Holstein. Allein auf Sylt gibt es 46 steinzeitliche Megalithgräber, um die viele Legenden ranken. »Denghoog« stammt aus dem Syltfriesischen und bedeutet Thinghügel – ein Ort, an dem früher Versammlungen der Germanen stattfanden. Gesichert ist, dass der Bau bereits im 4. Jt. v. Chr. als Grabstätte angelegt wurde. Die Grabkammer ist innen etwa 5 m lang, 3 m breit und bis zu 1,90 m hoch. Bei den Steinen handelt es sich um bis zu 18 t schwere Findlinge aus der Eiszeit.

■ Neben der Friesenkapelle am Dorfteich, Tel. 046 51/328 05, Mai–Sept. Mo– Fr 10–17, Sa, So 11–17, Okt. Mo–Fr 10–16, Sa, So, Fei 11–16 Uhr, Nov.–März geschl, 4,50 €, Kinder 1,50 €

Zwischen Braderup und Kampen erstreckt sich im Inselosten die Braderuper Heide

Braderuper Heide
| Landschaft |

23 *Bunt blühendes Naturidyll zum Sehen, Staunen, Wandern*

Fast 140 ha misst dieses Naturschutzgebiet im Nordosten Sylts, durch das sich zahlreiche Wanderwege ziehen. Drei verschiedene Heidearten sind charakteristisch für diese Landschaft: Von April bis Mai blüht hier die Krähenbeere, ab Juli die Glockenheide und im Spätsommer die Besenheide. Früher standen hier Wälder. Nachdem diese abgeholzt wurden, siedelte sich Geestheide auf den nährstoffarmen Flächen an. Die Pflanzen wurden von den Anwohnern als Streu für die Ställe oder zum Heizen genutzt. Heute wird die Heide regelmäßig abgebrannt oder mechanisch gekürzt, um nicht zu verholzen. Das geschützte Areal ist auch ein geeignetes Refugium für bedrohte Tier- und Pflanzenarten.

■ Naturschutzgemeinschaft Sylt e.V., M.-T.-Buchholz-Stich 10a, Tel. 046 51/444 21

P Parken

Am Strandabschnitt ab Gosch gibt es einen größeren Parkplatz, auch am Minigolfplatz. ■ jeweils 1 €/Std., 4 €/Tag
Behinderten bietet die Gemeinde fünf Elektro-Rollstühle für den Strand an. Tiefgarage 30 Min. kostenlos. ■ Haus am Kliff, Strandstr. 25, Tel. 0 46 51/447 70, April–Okt. 9.30–16.30 Uhr, 10 €/Tag

Restaurants

€ | **Gosch** Ob für ein leckes Fischbrötchen zwischendurch oder einen Teller Pasta mit Krebsfleisch – hier findet jeder etwas. Man kann auch nur mit einem Glas Wein auf der Terrasse den Blick in Richtung Nordsee genießen. In der Hauptsaison ist etwas Geduld nötig, dann sind die Schlangen an den Theken oft lang. Wer nur etwas trinken möchte, sollte die kleine Bar im hinteren Teil nutzen, dort herrscht oft weniger Hektik. Das auch von seiner Architektur her sehenswerte Restaurant fügt sich harmonisch in seine Umgebung ein. Es wurde mit Dünensand angeschüttet und wirkt mit den begrünten Dachflächen wie eine Fortsetzung der Meereswellen. ■ Dünenstr. 17a, Promenade, Tel. 0 46 51/995 94 90, www.gosch.de, tgl. ab 11 Uhr

€ | **Nico & Jules Pottkieker** Der beliebte, unkomplizierte Treffpunkt für Besucher und Einheimische bietet eine offene Showküche und eine kleine, aber feine Karte, auf der sich alles um frisch zubereitete Burger, Salate & Co. dreht. Die Weinauswahl ist mehr als ordentlich, viele Tropfen gibt es auch glasweise. ■ Seestr. 29, Tel. 04651/9956769, tgl. außer Mo ab ca. 12 Uhr

Einkaufen

Manufaktur Lederwerkstatt Sylt Ledermode und -accessoires als individuelle Einzelstücke. Die Gerber arbeiten nach alter Tradition mit pflanzlichen Rezepturen und verwenden dabei nur hochwertige Häute vom Rind, Ren und Hirsch. ■ M.-T.-Buchholz Stich 9, Tel. 04651/43135, www.manufaktur-sylt.de, Mo–Fr 10–13 und 14–18 Uhr

Entspannung

Strand-Yoga Im Sommer werden hier knapp zweistündige Yoga-Einheiten am Strand angeboten. Treffpunkt ist auf der Strandtreppe am Hauptstrand. Ohne große Voranmeldung, lediglich mit Unterlage und einer Decke. ■ www.yogamare.de, ca. 20 €

Erlebnisse

Nachhaltigkeit im Urlaub Kunsttischler Matthias Poppek bietet Workshops zum Thema Schmieden, Schnitzen, Wippdrechseln, Tischlern sowie Wildniskurse an. ■ M.-T.-Buchholz Stich 6, Tel. 0172/4049967, www.workshop-sylt.de

39 Kampen

Exklusiv und fein auf der einen Seite, rotes Kliff und Heide auf der anderen

Information

■ Tourismus-Service, Hauptstr. 12, Tel. 04651/46980, www.kampen.de

Noch immer erzählt man sich gerne die Geschichte, wie Gunther Sachs an der Buhne 16 partout nicht dem FKK frönen wollte. Der Jetset ist längst weitergezogen, doch gilt Kampen nach wie vor als Ort der Schönen und Reichen. Dabei

Gosch ist Kult: Am Kliff in Wenningstedt-Braderup gibt's Garnelen, Backfisch, Matjes ...

gab sich hier Anfang des 20. Jh. auch die Hochkultur mit prominenten Besuchern wie Thomas Mann, Käthe Kollwitz und Emil Nolde ein Stelldichein. Aber das ist lange her. Zweistellige Millionenbeträge für ein reetgedecktes Haus mit Blick übers Wattenmeer lassen heute selbst den einen oder anderen vermögenden Unternehmer schlucken. Klar kann man hier immer noch seinen Bentley spazierenfahren, in Luxusboutiquen einkaufen und die Champagnerkorken knallen lassen. Aber man findet durchaus auch kleine, weniger stark frequentierte Orte, den höchsten »Berg« der Insel und Naturoasen, denen es respektvoll entgegenzutreten gilt.

Sehenswert

Vogelkoje

| Naturerlebnisraum |

Auf 250 Jahre Geschichte blickt man in der ehemaligen, etwa 4,5 ha großen Entenfanganlage Vogelkoje zurück. Noch bis 1913 fing man in Kampen jährlich etwa 25 000 Enten. 1935 wurde die Anlage unter Naturschutz gestellt. Hier gibt es mittlerweile einen Naturlehrpfad und verschiedene Ausstellungen zur Geschichte der Vogelkoje.

■ Zwischen Kampen und List beim Restaurant Vogelkoje, Tel. 046 51/87 10 77, www.soelring-foriining.de, Mai–Sept. Mo–Fr 10–17, Sa, So, Fei 11–17, April bis 16 Uhr, Nov.–März geschl.

Uwe-Düne

| Landschaft |

Sylts höchste Erhebung ist mit 52 m die Uwe-Düne, benannt nach dem Freiheits- und Vorkämpfer eines vereinten, unabhängigeren Schleswig-Holsteins Uwe Jens Lornsen (1793–1838). Doch keine Angst, um die 360-Grad-Aussicht über die Insel genießen zu können, muss niemand durch tiefen Sand waten. Gut 100 Holzstufen führen nach oben. Lohnenswert ist es auch, ein Fernglas mitzunehmen.

■ Übergang von Kampen »Zur Uwe-Düne«, dort gibt es auch Parkplätze und Abstellmöglichkeiten für Fahrräder.

Kunst- & Kulturpfad

| Lehrpfad |

Mit diesem Lehrpfad sollen Künstler und Kunstschaffende wie Ferdinand Avenarius, Walther Baedeker oder Max Frisch geehrt werden, die den Ort zu dem gemacht haben, was er heute ist. Mittlerweile existieren mehr als 30 Gedenkstelen. Sie sind im gesamten Ort an markanten Stellen zu entdecken und allesamt mit einem QR-Code versehen, über den mit dem Handy schnell Hintergrundinformationen zum jeweiligen Künstler abrufbar sind. Oder man besorgt sich das Begleitheft im Kamp-Hüs in Kampen.

Stadtpark

| Park |

Den kleinen Park im Herzen des Ortes gilt es selbst für viele Sylt-Stammgäste noch zu entdecken. Üppige Obstbäume und kleine Bänke im Schatten laden zum Verweilen ein. Wer frühmorgens den Weg nach Kampen findet, hat den Dorfpark oft ganz allein für sich.

■ Zugang am besten vom Wattweg aus

Rotes Kliff

| Landschaft |

Eines der beliebtesten Fotomotive der Insel. Die etwa 30 m hohe Steilküste westl. von Kampen verdankt ihren Namen dem eisenhaltigen Lehm, der sich hier durch Oxidation rot verfärbt – vor

Strandspaziergang am Roten Kliff bei Kampen

allem bei Sonnenuntergang ist das ein Farbenspiel der besonderen Art. Doch nicht nur vom Wasser aus gesehen ist der Blick beeindruckend. Auch entlang der Abbruchkante und am Aussichtspunkt neben dem Sturmhauben-Parkplatz lohnt es sich, einen Moment zu verweilen. Entstanden ist das Kliff vor etwa 120 000 Jahren in der Eiszeit.

■ Zwischen Kampen und Wenningstedt

P Parken

In Kampen geht es eng zu. Am besten etwas außerhalb in einer der Nebenstraßen parken oder mit dem Fahrrad bzw. Bus kommen.

Restaurants

€€ | **Buhne 16** In diesem Strandbistro herrscht eine lockere Atmosphäre. Man sitzt an Holztischen mitten im Sand. Der Weg führt durch die Dünen. Es gibt vor allem Kleinigkeiten, Salate und Ofenkartoffeln in verschiedenen Kombinationen, Pastagerichte und eine wechselnde Tageskarte. ■ Listlandstr. 133 b, Tel. 046 51/49 96, www.buhne16.de, im Winter zeitweise geschlossen

€€€ | **Kaamps 7** Direkt am Strand, ein herrlicher Platz zum Zelebrieren des Sonnenuntergangs. Frische, abwechslungsreiche Küche mit regionalen Zutaten. ■ Riperstig, Weststrand, Tel. 046 51/88 60 78, www.kaamps7.de, tgl. 11–22 Uhr

€€€ | **Manne Pahl** Mitten in Kampen an der Hauptkreuzung gelegen, haben die (oftmals prominenten) Gäste hier auf der Allwetter-Terrasse das Kommen und Gehen bestens im Blick. Die Karte ist regional-saisonal. Hunde sind willkommen. ■ Zur Uwe-Düne 2, Tel. 046 51/42510, www.manne-pahl.de, tgl. ab 10 Uhr

Cafés

Kupferkanne Kein Syltaufenthalt ohne einen Besuch des vielleicht bekanntesten Kaffeegartens. Die Kuchen sind hausgemacht, die Kaffeeportionen groß. Selbst an kühleren Tagen im Frühjahr und im Herbst sitzen die

Im Garten des Restaurants und Cafés Kupferkanne in Kampen

meisten Gäste in dem von Kiefern umgebenen Garten unter imposanten Schirmen. Der einstige Bunker bietet aber auch genügend Innenplätze. Es gibt ein abwechslungsreiches Frühstücksangebot. In der Saison bieten rund um den Parkplatz Künstlerinnen und Künstler ihre Arbeiten an. ■ Stapelhooger Wai, Tel. 046 51/410 10, www.kupferkanne-sylt.de, April–Okt. tgl. 10–18 Uhr, Öffnungszeiten Nov.–März siehe Website

Erlebnisse

Der nördlichste Campingplatz der Insel und damit Deutschlands liegt mitten in den Dünen in Kampen, umgeben von Bäumen und mit schönem Blick auf den Leuchtturm. Kinderspielplatz, Kiosk. ■ Möwenweg 4, Tel. 046 51/420 86, www.campen-in-kampen.de

40 List

Der nördlichste Ort der Insel lockt u. a. mit Naturhafen und Shoppingmeilen

Information

■ Kurverwaltung List auf Sylt, Landwehrdeich 1, Tel. 046 51/952 00, www.list-sylt.de

Um das Jahr 1900 herum gab es hier gerade einmal zehn Häuser, doch Lists Dornröschenschlaf ist lange vorbei: Heute pulsiert in Deutschlands nördlichster Gemeinde vor allem rund um den Hafen das Leben. Einige Neubauprojekte wie der Lanserhof lassen List zudem weiter wachsen.

Sehenswert

Königshafen

| Landschaft |

Der Naturhafen, die nördlichste Bucht der Insel, ist ein Paradies für Kitesurfer. Mitunter tummeln sich hier Hunderte von ihnen – ein farbenprächtiges Bild. Wer auf dem Weg zum Ellenbogen ist, kommt unweigerlich am Königshafen vorbei und sollte sich einen Moment Zeit nehmen. Denn auf der gegenüberliegenden Seite hat eine große Seehundkolonie ihr Zuhause gefunden.

■ Nördlich von List, südöstl.der Landzunge Ellenbogen

Ellenbogen

| Naturschutzgebiet |

10 *Wer Ruhe und Einsamkeit sucht, ist hier genau richtig*

Barfuß am Strand entlanggehen, sich treiben lassen und träumen. Das Meer ist hier besonders wild, die Strömung tückisch, Baden also verboten. Aber vor allem, wenn man mit den Füßen im

Wasser steht und das Meer den Sand darunter wegspült, erfüllt einen ein Gefühl von unbändiger Freiheit. Von West nach Ost geht Sylt in eine 330 bis 1200 m breite, langgestreckte Halbinsel über, die wie ein angewinkelter Arm aussieht – ein Ellenbogen. Dieser nördlichste Zipfel Deutschlands ist Nationalpark und Naturschutzgebiet zugleich. Der Ellenbogen befindet sich im Besitz einer Erbengemeinschaft – seit rund 400 Jahren, als der dänische König deren Vorfahren 1500 ha Land als Lehen gab. Heute kümmern sich Thomas und Connie Diedrichsen darum und betreiben mit dem Üthorn auch eine kleine Ferienwohnanlage (siehe »Übernachten« S. 124).

■ Wer mit dem Auto unterwegs ist und die 6 km lange Straße nutzt, zahlt am Eingang 6 € (s. ADAC *Spartipp*, links unten)

ADAC Spartipp

Wer den Ellenbogen erkunden möchte und mit dem Auto die Straße befährt, zahlt am Eingang des privaten Schutzgebietes eine **Mautgebühr**. Viel schöner ist es aber, den nördlichsten Zipfel der Insel per Fahrrad oder zu Fuß zu erkunden – und zudem noch kostenlos, also ohne Mautgebühr.

Erlebniszentrum Naturgewalten

| Museum |

Die rund 1500 m² große, barrierefreie Ausstellung macht die Naturgewalten erlebbar. Sogar ein Sturm wird simuliert und kann per Knopfdruck gesteuert werden. Multimedial und interaktiv geht es um die Themenbereiche »Klima, Wetter, Klimaforschung«, »Leben mit Naturgewalten«, »Kräfte der Nordsee«. Im Außenbereich gibt es ein großes Seetierbecken und einen Spielplatz für Kinder, die aber die Ausstellung auch ohne Aufsicht durchstöbern können.

■ Hafenstr. 37, Tel. 046 51/83 61 90, www.naturgewalten-sylt.de, tgl. 10–19 Uhr, ab 8,50 €, Parkplätze vor dem Museum

Das Schweigen der Lämmer: im Naturschutzgebiet Ellenbogen, nördlich von List

ADAC Wussten Sie schon?

Zum Whale Watching nach Island oder nach Südafrika – das ist für viele ein echter Traum. Doch Walbeobachtung gibt es auch in heimischen Gefilden: Das Gebiet vor der Westküste Sylts bis hinunter nach Amrum ist Deutschlands einziges und Europas erstes Walschutzgebiet. Rund 6000 Schweinswale ziehen Jahr für Jahr dort ihre Bahnen – ganzjährig. Mittlerweile gibt es sogar einen **Wal-Pfad** entlang der Küste. Er erstreckt sich über rund 40 km von Hörnum bis List. Insgesamt zwölf Informationspunkte wurden an verschiedenen Strandübergängen installiert, plus weiterer interaktiver Infopulte. Wer mag, kann die Tour inklusive des komplett plastikfreien Umwelt-Geocaches »Schweinswal Ahoi« erleben.
www.schutzstation-wattenmeer.de

Lister Hafen

| Hafen |

Von hier (wie auch von Hörnum) starten verschiedene Fahrten zu Seehunden genauso wie die Fähre zur dänischen Insel Rømø. Die imposante Alte Tonnenhalle diente einst als Lager für Seezeichen und Boote; heute sind dort kleine Restaurants, Modeboutiquen und andere Läden untergebracht. Direkt vis-à-vis bewirten Jürgen Gosch und sein Team an guten Tagen bis zu 1000 Gäste. Die Auswahl ist deutlich größer als in den anderen Dependancen der Insel, zuweilen kann es hier recht wuselig zugehen.

■ www.adler-schiffe.de/ab-sylt

■ www.syltfaehre.de

P Parken

Am Hafen liegt ein großer Parkplatz (kostenlos), von dort ist alles zu Fuß zu erreichen. Auch vor der Einfahrt zum Ellenbogen kann das Auto abgestellt werden. ■ 0,50 €/Std., max. 4 €/Tag

Restaurants

€€ | **Alte Backstube** Hausgemachte Kuchen, Pfannkuchen und schmackhafte Eintöpfe. Unbedingt probieren: Buchweizen- oder Malakofftorte. ■ Süderhörn 2, Tel. 04651/870512, www.voigts-sylt.de, Do–Di 11–21 Uhr

€€ | **Lister Austernperle** Direkt am Strand in einem alten Holzhaus, nur zu Fuß erreichbar. Doch der kleine Spaziergang lohnt sich. Ehrliche Küche. ■ Oststrand-Promenade 333 B, Tel. 04651/2999396, 11–21 Uhr (keine Reservierung)

€€€ | **Bistro Austernmeyer** bzw. **Sylter Royal Austernstube** Hier kann die »Sylter Royal« in unterschiedlichen Variationen probiert werden, außerdem gibt es Austernseminare. ■ Hafenstr. 10–12, Tel. 04651/870860, www.sylter-royal.de, meist ab 11.30 Uhr geöffnet

Cafés

Eismanufaktur Vor der Eisdiele am Lister Ortseingang bilden sich im Sommer lange Schlangen – mit gutem Grund: Hier achtet man auf Herkunft und Qualität, verzichtet auf Farbstoffe und künstliche Aromen zugunsten natürlicher regionaler Zutaten – von den Blaubeeren bis zu den Kürbiskernen. Die Milch kommt aus der einzigen Sylter Molkerei. Zum Eis gibt es eine kleine Auswahl handverlesener Kaffeesorten. Auf der Terrasse stehen Tische und Strandkörbe. ■ Dünenstr. 3, Tel. 04651/

835 68 10, www.sylter-eismanufaktur.de, tgl. 12–18 Uhr, in der Saison auch länger

Einkaufen

Genussmacherei In einem innovativen Verfahren gewinnt Sternekoch Alexandro Pape echtes Sylter Meersalz aus der Nordsee, bis zu 100 kg täglich. Zusätzlich wird hier das WATT Bier mit dem Restwasser der Salzgewinnung gebraut und Pasta in Handarbeit hergestellt. Weitere Produkte des gebürtigen Rheinländers findet man im Laden der Manufaktur, den seine Frau Filiz liebevoll leitet. ■ Hafenstr. 2, Tel. 046 51/942 90 74, www.sylter-meersalz.de, Mo–Sa 10.30–18, Nebensaison 11–17 Uhr

Sylter Ring-Atelier Schöne Ringe und ausgefallenen Schmuck bietet Deutschlands nördlichster Juwelier. Spezieller Sylt-Schmuck wird von Hand gefertigt. ■ Hafenstr. 7, Tel. 046 51/836 28 57, www.sylter-ring-atelier.de, Mo–Sa 11–18 Uhr

Lieblingsstück und Kleinkariert Hübsche Accessoires und Mitbringsel für daheim. ■ Listlandstr. 10, Tel. 046 51/446 81 17, www.kleinkariert-sylt.de, Mo–Sa 10–18.30, So 11–17 Uhr

Lister Markt – Easy Sylt Alles unter Dach und Fach findet man in dem auf einem ehemaligen Gelände der Bundeswehr-Fahrbereitschaft errichteten Gebäudekomplex: Weinbar und Feinkostgeschäfte genauso wie Bekleidungsläden und sogar ein Hotel. ■ Hafenstr. 2 a, www.lister-markt.de

Entspannung

24 **Strandsauna** Ab ins größte Tauchbecken Deutschlands heißt es nach dem Gang in die Strandsauna. Drei finnische Blockhaus-Saunagebäude, eingebettet in die herrliche Dünen-

Im Blickpunkt

Sylter Royal

Die einzigen Austern Deutschlands heißen »Sylter Royal«, werden von **Dittmeyer's Austern-Compagnie** im rauen Wattenmeer vor List gezüchtet und rund eine Million mal im Jahr verkauft. Genau genommen handelt es sich um die Pazifische Felsenauster; die früher hier heimische Europäische Auster ist weitgehend ausgestorben. Ihr Geschmack liegt irgendwo zwischen nussig und gurkig mit einer Menge Eiweiß, Zink und Magnesium. Liebhaber sind begeistert. Doch die Aufzucht in Aquakultur ist eine Knochenarbeit. In schweren Drahttaschen, auch »Poches« genannt, schlummern sie in der kühlen Nordsee – zumindest bei Hochwasser. Bei Niedrigwasser kann man die langen Tische mit den algenbewachsenen »Poches« voller Austern vom Wattenmeer aus erblicken – Betreten strengstens verboten. *www.sylter-royal.de*

Reetdachgedeckte Friesenhäuser mit Klinkerfassade in Rantum

landschaft, stehen Besuchern zur Verfügung. ■ Weststrandstr. 333 A, Tel. 04651/877174, www.strandsauna-list-auf-sylt.de, April–Okt. 11–17, in der Hauptsaison bis 18 Uhr, Tageskarte 20 €

41 Rantum

Nirgendwo sonst liegen Wattenmeer und offene Brandung so nah aneinander

Information

■ Tourist-Information Rantum, Strandweg 7, Tel. 04651/9980

Auf den ersten Blick wirkt Rantum ein wenig unscheinbar. Die meisten Sylt-Besucher nutzen den Ort nur als Durchgangsstation. Dabei gibt es hier einiges zu entdecken: Hafen, Strandkorbproduktion und die vielleicht artenreichste Wasservogelpopulation Deutschlands sowie eine herrliche Dünenlandschaft mit reetgedeckten Häusern, so weit das Auge reicht.

Sehenswert

Rantumer Becken
| Naturschutzgebiet |
Einst als Landeplatz für Wasserflugzeuge gedacht, zählt das Rantumer Becken nun zu den bedeutendsten Wasservogelschutzgebieten Deutschlands. In den 1930er-Jahren wurde der Bereich eingedeicht, den man zu Fuß oder mit dem Fahrrad umrunden kann. Wer ein Fernglas im Gepäck hat, wird den Blick nicht nur über das im Osten liegende Wattenmeer gleiten lassen, sondern auch die mehr als 250 Vogelarten beobachten.

Restaurants

€€–€€€ | **Coast Restaurant und Weinbar** Mit fantasiereicher Küche, leckere vegetarische Gerichte. ■ Stiindeelke 2, Tel. 04651/1551, www.restaurant-coast.de, Mi–Mo 9–12 und ab 17 Uhr

€€€ | **Samoa Seepferdchen** Etwas näher an Rantum als die Sansibar (s. u.) gelegen – von der Terrasse sind es nur 5 m bis in den Sand. Gute internationale Küche mit abwechslungsreicher Karte, Top-Personal. ■ Hörnumer Str. 70, Tel. 04651/5579, www.samoa-seepferdchen.de, Küche tgl. 12–22 Uhr

25 €€€ | **Sansibar** Ein Restaurant schreibt Geschichte (siehe »Im Blickpunkt«, rechte Seite), und bleibt dabei doch stets so den eigenen Werten verpflichtet, dass man sich mit oder ohne Promifaktor auf eines stets verlassen kann: auf die Qualität. Wer

Im Blickpunkt

Die Sansibar – von der Imbissbude zur Legende

Wie oft Herbert Seckler wohl die Geschichte seiner Sansibar schon erzählt hat? Im Jahr 1974 zog der damals 22-jährige schwäbische Koch nach Sylt, verdingte sich dort zunächst in der Gastronomie von Westerland und kaufte sich schließlich an einem FKK-Strand zwischen Rantum und Hörnum eine Imbissbude. Dieser gab er den exotisch klingenden Namen des Strandabschnitts, an dem sein Imbiss stand: Sansibar. Damit fing alles an. Heute ist Seckler, der von Kritikern des Gault Millau schon zum »Restaurateur des Jahres« ernannt wurde, nicht mehr nur Gastronom, sondern Herr eines in die Bereiche Wein, Fashion, Food, Präsente und eben das Restaurant gegliederten Sansibar-Reichs, zu dem auch mehrere Stores (u. a. auf Mallorca und in Hamburg) gehören. Längst ist er selbst eine »Person des öffentlichen Lebens« geworden, so wie viele seiner prominenten Gäste, und sitzt doch immer noch gern entspannt mit Jeans und legerem Poloshirt auf den Holzbänken am Eingang der Sansibar, um sich mit seinen Gästen zu unterhalten – von Starallüren keine Spur. Stattdessen setzt er auf Qualität: Das Essen ist hochwertig, die Weinauswahl grandios und der Blick über die Dünen in Richtung Nordsee und Sonnenuntergang unbezahlbar. Aber: Ohne Reservierung geht hier in der Saison gar nichts ... Wer die Chance dazu hat, sollte sich auch noch den Weinkeller ansehen. Rund 30 000 Flaschen sollen dort lagern – und bei den 1900 Positionen auf der Weinkarte ist sicher für jeden Weinliebhaber etwas dabei. Auch edelste Tropfen lagern unter der Sansibar – insgesamt millionenschwer. Am Strand findet man eine liegende Buddhafigur die an Paul Dahlke (1865–1928) erinnert, einen ostpreußischen Arzt, Homöopathen und Wegbereiter des Buddhismus in Deutschland, der auf Sylt ein buddhistisches Kloster errichten wollte.

beispielsweise einmal den Kaiserschmarrn probiert hat, braucht dafür nie mehr nach Österreich zu fahren. Auch das Frühstück ist einzigartig, der Wein famos. Nur einen Platz muss man sich erst mal ergattern ... ■ Hörnumer Str. 80, Tel. 046 51/96 46 46, www.sansibar.de, tgl. ab 10.30 Uhr

Cafés

Kaffeerösterei Sylt Ein wenig versteckt liegt die Rösterei mit Café am Hafen. Christian Appel und sein Team sind mit viel Liebe und Leidenschaft dabei. Und mit Erfolg: In ihrer Kaffeerösterei genießt man bei Kaffee und Kuchen den Blick übers Wattenmeer. Zweimal in der Woche wird geröstet. ■ Hafenstr. 9, Tel. 046 51/299 57 57, www.kaffeeroesterei-sylt.com, in der Saison tgl. 10.30–17.30 Uhr

Einkaufen

Bronscherei Hier werden süße Träume wahr. Die Bonbon-Manufaktur bietet Leckereien in bunten Farben und Workshops für Kinder. ■ Hafenstr. 4, www.sylter-bonscherei.de, tgl. 11–18 Uhr.

Sylter Trading Hochprozentig geht es im Kontorhaus zu. Gin, Whisky, Likör – eine große Auswahl Spirituosen werden angeboten. Unter anderem gibt es dort auch den ersten auf Sylt gereiften Whisky. ■ Hafenstr. 14, Tel. 046 51/995 90 26, www.sylter-trading.de, tgl. 11.30–18.30 Uhr

Sylt-Strandkörbe Im Jahr 1947 fertigte Paul Schardt auf Sylt die ersten Strandkörbe an: das Geflecht aus unlackiertem Rohrbast, der Sitz mit grober Baumwolle gepolstert, das Oberteil des Korbes ließ sich noch nicht verstellen. Heute liefert das Familienunternehmen bereits in der dritten Generation rund 1000 Körbe pro Jahr sogar bis nach Australien. ■ Hafenstr. 10, Tel. 046 51/228 43, Mo–Fr 10–16.30 Uhr

Events

Meerkabarett Wo das Sylter Mineralwasser abgefüllt wird, gastiert in den Sommermonaten das Meerkabarett, eine Veranstaltungsreihe mit einem vielfältigen Programm: vom Kabarett über Comedy bis hin zu Musik von Weltstars wie Ute Lemper. ■ Hafenstr. 1, Tel. 046 51/47 11, www.meerkabarett.de

42 Hörnum

Ganz im Süden Sylts gelegen, gibt es hier noch viel zu entdecken

Information

■ Touristeninformation, Rantumer Str. 20, Tel. 046 51/962 60, www.hoernum.de

Lange galt Hörnum als zu weit weg von den eigentlichen Hotspots der Insel – zu ruhig, zu wenig gute Übernachtungsmöglichkeiten. Heute hat der Ort seinen ganz eigenen Reiz. Schon die Wanderung um die Odde – gemeint ist der Südzipfel der Insel – ist ein Erlebnis. Fast unwirklich erscheint es einem zu sehen, wie hier die offene Nordsee auf das Wattenmeer trifft. Auch der stimmungsvolle Hafen trägt zum ganz eigenen Charme Hörnums bei. Dort starten die Ausflugsschiffe in Richtung Amrum, Föhr und Halligen. Der Süden ist von der Natur verwöhnt: Weithin erstrecken sich das Meer und der Strand, am Rand der urwüchsigen Dünenlandschaft breitet sich ein Wäldchen für Spaziergänge aus.

Sehenswert

Hafen

| Hafen |

Dreh- und Angelpunkt im Ort ist der Hafen. Von hier geht es zur Umrundung der Odde, zu den Nachbarinseln und den Seehundbänken; der Leuchtturm ist in Sichtweite, der Golfplatz nur einen Steinwurf entfernt. Zudem kann man rund um die Uhr Boote schauen. Eines davon ist das Seenotrettungsboot »Horst Heiner Kneten«, das sogar im Watt eingesetzt wird; der geringe Tiefgang macht es möglich. Zehn ehrenamtliche Helfer versehen ihren Dienst auf dem Spezialschiff, das während der Saison besichtigt werden kann.

■ Hafenstraße

Arche Wattenmeer

| Museum |

Klein, aber fein ist die Ausstellung, die über Meeresbewohner wie Fische, Schweinswale und Robben informiert. Außerdem gibt es ein Aquarium und Wissenswertes über das Leben auf Sylt zu erfahren. Das Naturinformationszentrum war einst ein katholisches Gotteshaus und wurde mithilfe der Kirche, der Gemeinde und dem Verein Schutzstation Wattenmeer zum Museum umgebaut. Ein Schiff am Eingang weist vorbeifahrenden Gästen den Weg.

■ Rantumer Str. 33, Tel. 046 51/886 22 29, www.arche-wattenmeer.de, April–Nov. Di–So 10–18 Uhr und auf Nachfrage, 6 €, erm. 5 €, Kinder 3 €, Fam. 13 €

Leuchtturm

| Landmarke |

Als einziger Leuchtturm Sylts ist das Hörnumer Bauwerk bei einer Führung zu besichtigen. Der 1907 in Betrieb gegangene Turm aus verschraubten Gusseisenelementen ist 34 m hoch, wirkt aber größer, da er auf einer 16 m hohen Düne steht. Das Leuchtfeuer strahlt mehr als 40 km aufs Meer hinaus. Von der Aussichtsplattform reicht der Blick weit übers Meer. Die Nachbarinseln Föhr und Amrum sieht man genauso wie Sylt. Bis 1933 war in diesem Leuchtturm Deutschlands kleinste Schule untergebracht; zwei bis fünf Schüler wurden unterrichtet. Heute können sich von April bis Oktober Heiratswillige jeweils freitags und montags in luftiger Höhe das Jawort geben.

■ Karten-Tel. 046 51/962 60, Mo, Mi, Do 9, 10, 11, 12 Uhr, 6 €, Kinder 3 €

Schattenspiele: am Strand von Hörnum, an der Südspitze der Insel Sylt

Odde

| Landschaft |

Nirgendwo sonst zeigt die Natur ihre Kraft so stark wie hier und knabbert von der Südspitze Stück für Stück ab. Bei einem Spaziergang um die Odde wandelt sich das ruhige Wattenmeer in die tosende Nordsee. Dauerte der Gang um die Südspitze vor 20 Jahren noch rund 2,5 Std., so reichen dafür heute schon etwa 45 Min. – lediglich ein Fünftel ist von der damaligen Größe geblieben; der südliche Zipfel gilt mittlerweile als das am meisten bedrohte Gebiet. Seit den 1960er-Jahren wurden mehr als 5000 jeweils 6 t schwere Beton-Tetraeder zum Küstenschutz deponiert. Und doch ist es nach wie vor ein ganz besonderes Naturerlebnis, hier einen Spaziergang zu machen. Mit ein wenig Glück ziehen ja vielleicht gerade einige Schweinswale und Seehunde ihre Bahnen.

Parken

Wer einen Schiffsausflug plant, kann direkt am Hafen parken. Darüber hinaus gibt es zahlreiche (kostenpflichtige) Möglichkeiten im gesamten Ort.

Restaurants

€ | **Fisch Matthiesen** Das Fischgeschäft direkt in der Ortsmitte ist seit 1975 in Familienhand. Im Bistro warten zahlreiche Spezialitäten. Aber auch für unterwegs bekommt man Kleinigkeiten direkt auf die Hand. Zudem gibt es einen kleinen Kiosk am Hafen. ■ Rantumer Str. 8, 046 51/88 17 73, www.fisch-matthiesen-sylt.de

€€ | **Kap Horn** Ein echtes Strandlokal, bei dem der Sand zur Terrasse gehört. Eingebettet in die Dünenlandschaft, geht es hier angenehm herzlich-ungezwungen zu. ■ Süderende 24, Tel. 046 51/88 15 48, www.kap-horn-sylt.de, ab 12 Uhr

€€–€€€ | **Strænd** Zwei Hörnumer Jungs bieten in den Dünen am Campingplatz moderne Küche mit einem guten Preis-Leistungs-Verhältnis und modernem Ambiente. ■ Am Campingplatz 3, Tel. 046 51/936 43 33, Mi–Mo 13–23, Küche bis 21.30 Uhr, www.straend-sylt.de

€€–€€€ | **Strönholt** Modernes Restaurant inmitten der Dünenlandschaft mit Meerblick. Kreative vegetarische Gerichte. Sehr gutes Preis-Leistungs-Verhältnis. ■ Fernsicht 1, Tel. 046 51/449 27 27, www.stroenholt.de, Mi–Mo ab 12 Uhr

Events

Beach Polo World Cup Ähnlich wie in Keitum kommen auch in den Süden Sylts Jahr für Jahr Top-Polo-Teams. Gespielt wird allerdings nur in Zweiermannschaften, da das Spielfeld im Sand deutlich kleiner ist als auf dem Rasen. ■ www.polosylt.de

Hafenfest Livemusik, Tanz, Sport – jedes Jahr lockt das Hafenfest Tausende Besucher nach Hörnum. Dabei kann man um das Becken flanieren, sich im Bogenschießen erproben oder mediterrane Gerichte genießen. Nicht fehlen dürfen Krabbenpulwettbewerb und Shanty-Gesänge. ■ www.hoernum.de

Sport

Segeln Direkt am Hörnumer Hafen ist der Sylter Catamaran Club e.V. beheimatet. ■ www.sylter-catamaran-club.de

Golf Eingebettet in eine natürliche Dünenlandschaft am Wattenmeer, spielt man auf dem Golfplatz Budersand auch bei Windstärke 6. Dabei hat man das Gefühl, beim Abschlag direkt in die Nordsee zu treffen. ■ Fernsicht 1, Tel. 046 51/449 27 10, www.gc-budersand.de

Übernachten

So abwechslungsreich wie die Insel, so vielfältig sind auch die Übernachtungsmöglichkeiten auf Sylt. Das Angebot reicht von luxuriösen Fünfsternehotels, die teils puristisch modern, teils nordfriesisch elegant ausgestattet sind, bis zur gemütlichen Pension und Ferienwohnung. Wer mag, kann in Strandnähe buchen, mitten in der Stadt sein Domizil aufschlagen oder abseits des Trubels seine Ruhe finden. Die Unterkünfte sind über die gesamte Insel verteilt.

Westerland 100

€ | **Friesenhaus Sander** Zentral gelegen, nur wenige Meter vom Strandübergang entfernt. Mit herzlichem Familienanschluss. ■ Lerchenweg 13a, 25980 Westerland/Sylt, Tel. 04651/927245, www.friesenhaus-sander.de

€ | **Silbermöwe** Eingebettet in die wunderbare Natur mit großem Garten. ■ Lorens-de-Hahn Str. 19, 25980 Westerland/Sylt, Tel. 0171/8138330, www.haus-silbermöwe-westerland.de

€€ | **Bett & Bude** Unkonventionelles Boardinghaus in Nähe der Fußgängerzone. Modern eingerichtet. ■ Kirchenweg 6, 25980 Westerland/Sylt, Tel. 04651/9397-0, www.bettundbude.de

€€–€€€ | **Long Island House Sylt** Nordischer Charme trifft auf amerikanisches Design. Kurze Wege zum Strand und in die Stadt. ■ Eidumweg 13, 25980 Westerland/Sylt, Tel. 04651/995 9550, www.sylthotel.de

Morsum 104

€ | **Bauernhof Hoffmann** Ferienwohnungen für bis zu 5 Personen. ■ Skellinghörn 13, 25980 Morsum/Sylt, Tel. 04651/90238, www.sylt-bauernhof.de

€€€ | **Landhaus Severin*s** Traumhaft gelegen, nur wenige, sehr geschmackvoll eingerichtete Zimmer. ■ Nosistig 13, 25980 Morsum/Sylt, Tel. 04651/46 06 88-0, www.landhaus-severins.de

Keitum 106

€ | **Alte Mühle** Die Speicherwohnung in dem reetgedeckten Haus am Wattenmeer hat Stil. ■ Tipkenhoog 3, 25980 Keitum/Sylt, Tel. 04651/32590

€€ | **Kapitänshaus am Watt** Exklusive Ferienwohnungen auf einem 4000 m² großen Grundstück, das bis zum Watt reicht. Toller Blick. ■ Alter Kirchenweg 20, 25980 Keitum/Sylt, Tel. 04651/935588, www.kapitaenshausamwatt.de

€€€ | **Aarnhoog** Kleines Boutique-Hotel mit tollem, hochwertigem Design. ■ Gaat 13, 25980 Keitum/Sylt, Tel. 04651/3990, www.aarnhoog.de

€€€ | **Kontorhaus Keitum** Schöne Zimmer und Suiten mit Blick über die Felder und Pferdekoppeln. ■ Siidik 15, 25980 Keitum/Sylt, Tel. 04651/4499290, www.kontorhauskeitum.de

Wenningstedt-Braderup 108

€–€€ | **Haus Lee** Günstige Apartments für 2–4 Personen, 5 Min. zu Fuß zum Strand. ■ Im Tal 6, 25996 Wenningstedt-Braderup/Sylt, Tel. 04651/42457, www.haus-lee-sylt.de

€€ | Pension Möwennest Liebevoll gestaltete Zimmer unweit vom Strand. ■ Seestr. 8, 25996 Wenningstedt-Braderup/Sylt, Tel. 046 51/413 51, www.moewennest-sylt.de

€€ | Villa Moby Dick Sehr gut eingerichtete Ferienwohnungen in einer ruhigen Seitenstraße an den Dünen von Wenningstedt, umgeben von attraktiven Villen und Häusern im Friesenstil. ■ Westerhörn 12, Tel. 046 51/425 48, 25996 Wenningstedt-Braderup/Sylt, www.moby-dick-wenningstedt.de

€€€ | Lindner Hotel Windrose Kleine, feine Zimmer in Top-Lage, gegenüber dem Gemeindezentrum. ■ Strandstr. 19, 25996 Wenningstedt-Braderup/Sylt, Tel. 046 51/94 00, www.lindner.de

Kampen 111

€ | Haus Rechel Reetdachhaus in der Kampener Heide, liebevoll gestaltete Zimmer, ruhig gelegen. ■ Kroghooger Wai 3, 25999 Kampen/Sylt, Tel. 046 51/98 49-0, www.haus-rechel.de

€€€ | Ahnenhof Traditionsreiches Haus in Toplage nahe am Strand und mit eigenem Garten. ■ Kurhausstr. 8, 25999 Kampen/Sylt, Tel. 046 51/426 45, www.ahnenhof.de

€€€ | Reethüüs Idyllisch gelegen, modern und individuell eingerichtet. ■ Hauptstr. 18, 25999 Kampen/Sylt, Tel. 046 51/985 50, www.reethues-sylt.de

List 114

€ | Ferienwohnung Üthörn Die nördlichsten Ferienwohnungen Deutschlands, im Naturschutzgebiet Ellenbogen. Mit Bierstube und Sauna, Meerblick garantiert. ■ Üthörn, 25992 List/Sylt, Tel. 046 51/87 02 18, www.uethoern.de

€€ | Hotel Strand Direkt am Königshafen mit schönem Blick aufs Wasser. Kleines Hotel mit liebevoll modern eingerichteten Zimmern. ■ Hafenstr. 41, 25992 List/Sylt, Tel. 046 51/88 97 50, www.hotel-strand-sylt.de

€€€ | A-Rosa Fünf Sterne und ein rund 3500 m² großer Spa direkt an der Lister Promenade. ■ Listlandstr. 11, 25992 List/Sylt, Tel. 046 51/967 50-0, www.a-rosa-resorts.de

Rantum 118

€€–€€€ | Dorfhotel Familienfreundlich, mit Kinderprogramm. Zum Strand geht es durch die Dünenlandschaft. ■ Hafenstr. 1a, 25980 Rantum/Sylt, Tel. 046 51/450 90, www.dorfhotel.com

€€€ | Söl'Ring Hof Vielleicht die schönste Lage auf der ganzen Insel, mit Blick auf die offene Nordsee. ■ Am Sandwall 1, 25980 Rantum/Sylt, Tel. 046 51/836 200, www.soelring-hof.de

Hörnum 120

€€ | Hotel 54° Nord Zentral gelegen, wurde dieses Haus als das älteste des Ortes 1914 von der Hapag-Reederei gebaut. Im zum Hotel gehörenden Bistro fühlt man sich tatsächlich ein bisschen wie auf dem Umschlagplatz am Hamburger Hafen. Keine 200 m sind es bis zum Strandaufgang oder bis zum Leuchtturm. ■ Strandstr. 2, 25997 Hörnum/Sylt, Tel. 046 51/44 91 70, www.hotel54gradnord.de

€€€ | Budersand Mit dem Hotel begann der touristische Aufschwung Hörnums. Modern, unaufdringlich-luxuriös. Regelmäßig werden erstklassige Lesungen veranstaltet. ■ Am Kai 3, 25997 Hörnum/Sylt, Tel. 046 51/46 070, www.budersand.de

Die exotischste
Zutat?
Deine
Neugier.
G|U
VIETNAM
TAJINE
TEX-MEX
KÜCHE
So gut schmeckt
die Welt.
Koch dich einmal um den Globus mit der erfolgreichsten Kochbuchreihe der Welt und aufregenden Ideen für Köstlichkeiten aus aller Herren Länder. Für dein leckerstes Ich.
Überall, wo es Bücher und E-Books gibt, und auf www.GU.de

ADAC Service Nordseeküste • Schleswig-Holstein

Beim **ADAC Infoservice**, in den **ADAC Geschäftsstellen** sowie auf dem **Internetportal des ADAC** (adac.de) erhalten Sie Informationen zu den Dienstleistungen des Automobilclubs und zu Ihrem Reiseziel. Als **ADAC Mitglied** können Sie zudem das kostenlose **ADAC Tourset® Nordsee – Schleswig-Holstein** mit vielen Reiseinfos und Karten anfordern oder die **Tourset App** auf dem **Smartphone** oder **Tablet-PC** installieren (adac.de/toursetapp).
Rufen Sie bei Pannen und Notfällen die **ADAC Pannenhilfe** bzw. den **ADAC Ambulanzdienst** an. Unser Team steht Ihnen rund um die Uhr zur Verfügung.

ADAC Infoservice

T 0800 510 11 12
Infos zu allen ADAC Leistungen
(Mo–Sa 8–20 Uhr, gebührenfrei)

ADAC Ambulanzdienst

T 089 76 76 76
(Erkrankung, Unfall, Verletzung, Transportfragen, Todesfall)

ADAC Pannenhilfe Deutschland

T 089 20 20 4000, Mobil 22 22 22
(Verbindungskosten je nach Netzbetreiber/Provider)

ADAC Pannenhilfe Ausland

T +49 89 22 22 22
(Verbindungskosten je nach Netzbetreiber/Provider)

Internet-Serviceangebote des ADAC für Ihre Reiseplanung

Service	**Webadresse**
Aktuelle Verkehrslage	adac.de/verkehr
ADAC Routenplaner	adac.de/maps
Infos zu Tankstellen und Spritpreisen	adac.de/tanken
Infos zu mautpflichtigen Strecken	adac.de/maut
Infos zu Fährverbindungen	adac.de/faehren
ADAC Tourmail (aktuelle Infos vor Anreise)	adac.de/tourmail
Informationen für Camper	adac.de/camping
Informationen für Motorradfahrer	adac.de/motorrad
Informationen für Segler und Skipper	adac.de/sportschifffahrt
ADAC Reiseangebote	adacreisen.de
ADAC Autovermietung	adac.de/autovermietung
ADAC Versicherungen für den Urlaub	adac.de/versicherungen
Weltweite Preisvorteile für ADAC Mitglieder	adac.de/vorteile-international

Diese **Produkte des ADAC** könnten Sie interessieren: **ADAC Reiseführer Ostseeküste Schleswig-Holstein, ADAC Reiseführer Dänemark, ADAC Reiseführer Hamburg** und **ADAC Campingführer Deutschland und Nordeuropa** – erhältlich im Buchhandel, bei den ADAC Geschäftsstellen und in unserem ADAC Online-Shop (adac.de/shop).

Anreise und Einreise

Auto und Autofähre

An die Nordseeküste führt die **Autobahn 23** über Hamburg bis nach Heide. Ab Heide wird die Autobahn zur Bundesstraße, das Gebiet ist dünn besiedelt und der Verkehr meistens übersichtlich. Allerdings ergeben sich oftmals Staus rund um den Verkehrsknotenpunkt Hamburg. Erlebnisreicher könnte daher die Anreise über die Elbe sein, vor allem, wenn man von Nordrhein-Westfalen oder weiter aus dem Süden anreist, dann ist es eine schöne Pause auf der Strecke.

Eine **Elbfähre** gibt es von **Glückstadt nach Wischhafen** (in den Ferien und an den Wochenenden kann es hier lange Wartezeiten geben):

■ www.elbfaehre.de, einfach 2 €, Kinder (4–14 J.) 1 €

Der **AutoZug Sylt Shuttle** der Deutschen Bahn und der **RDC AUTOZUG Sylt** verbinden die Insel über den Hindenburgdamm mit dem Festland. Der rote **Sylt Shuttle** verkehrt alle 40–90 Min., in der Hochsaison alle 30 Min., zwischen **Terminal Niebüll** (gut von der A7 zu erreichen) und Westerland. Die Fahrt dauert ca. 35 Min., die Mitnahme des eigenen Fahrrads auf einem Dach- oder Heckträger ist möglich.

Der (blaue) **Autozug** verkehrt von den gleichen Terminals, allerdings nicht so oft wie der (rote) Sylt Shuttle. Aber dort kann man einen festen Platz reservieren.

■ www.autozug-sylt.de

Deutsche Bahn AutoZug

■ Sylt Shuttle, Tel. 018 06/22 88 83 (20 ct/Min. aus dem dt. Festnetz, max. 60 ct/Min. aus Mobilfunknetzen), www.syltshuttle.de

Bahn

Die Küstenregion ist über den Knotenpunkt Hamburg gut verbunden. Für Radfahrer ist es interessant, das eigene Fahrrad mitzunehmen; dafür muss ein eigenes Ticket gebucht werden: 0180/699 66 33 (20 ct/Anruf aus dem dt. Festnetz, Tarif bei Mobilfunk max. 60 ct/Anruf). Durchgehende IC-Verbindungen nach Westerland auf Sylt bestehen ab **Berlin**, **Köln**, **Dresden**, **Frankfurt**, **Karlsruhe**, **Hannover** und **Hamburg**. Fahrradmitnahme nur mit Reservierung. Ab **Hamburg-Altona** fährt stündlich ein Regionalexpress nach Westerland, Fahrradmitnahme ohne Reservierung, je nach Verfügbarkeit, möglich.

Fahrplanauskunft Deutsche Bahn

■ Tel. 018 06/99 66 33 (20 ct/Anruf aus dem dt. Festnetz, max. 60 ct/Anruf aus Mobilfunknetzen), Tel. 08 00/150 70 90 (sprachgesteuert, kostenlos), www.bahn.de und mobile App DB Navigator

Österreichische Bundesbahnen

■ Tel. 05/17 17, www.oebb.at und mobile App ÖBB Scotty

Schweizerische Bundesbahnen

■ Tel. 09 00/30 03 00 (1,19 CHF/Min. aus dem Schweizer Festnetz), www.sbb.ch und mobile App SBB mobil

Busse

Von vielen deutschen Städten fahren Fernbusse nach Büsum oder Husum. Das Internetportal www.busliniensu che. de hilft Preise zu vergleichen.

Flugzeug

Der **Flughafen Hamburg** ist der naheliegende Großflughafen. Verbindungen gibt es aber auch nach **Sylt** (www.flughafen-sylt.de) und **Helgoland** (www.flughafen-helgoland.de)

Schiff/Fähre

Einige Urlaubsziele sind nur per Schiff zu erreichen, dazu gehören die Halligen, Helgoland, Föhr, Amrum und Pellworm. Sylt ist über den Hindenburgdamm ans Festland angebunden.

Übersicht der Reedereien

Adler-Schiffe Viele Verbindungen, unter anderem zwischen Sylt und Amrum, zwischen den Halligen und Nordstrand. Adler betreibt auch die Fähren über den Nord-Ostsee-Kanal.

■ Tel. 046 51/987 08 88, www.adler-schiffe.de

Neue Pellwormer Dampfschifffahrts-GmbH

■ Tel. 048 44/753, www.faehre-pellworm.de

Reederei H.G. Rahder Fährt von Büsum nach Helgoland und unternimmt Fahrten zu den Seehundbänken. An Bord kann man auch heiraten.

■ Tel. 048 34/36 12, www.rahder.de

Reederei Cassen Eils Fährt ebenfalls von Büsum nach Helgoland.

■ Tel. 047 21/66 76 00, www.cassen-eils.de

Wyker Dampfschifffahrts-Reederei Föhr-Amrum Verkehrt von Dagebüll und Schlüttsiel aus nach Föhr, Amrum, Hallig Hooge, Hallig Langeneß.

■ Tel. 046 67/940 30, www.faehre.de.

Sylt-Fähre Verkehrt regelmäßig von Rømø nach List, in der Hochsaison sollte man vorher reservieren. Dafür erspart man sich oftmals lange Wartezeiten am Autozug.

■ Tel. 0461/864-601, www.syltfaehre.de

Auto und Straßenverkehr

Verkehr

Zu den Hauptreisezeiten muss generell mit einem erhöhten Verkehrsaufkommen und wenigen freien Parkplätzen gerechnet werden. Dann sollte man nach Möglichkeit auf öffentliche Verkehrsmittel oder das Fahrrad/E-Bike ausweichen.

Unfall

Nach einem Unfall sollten Sie sofort anhalten, die **Unfallstelle** absichern und Erste Hilfe leisten. Bei **Personenschaden** unbedingt die Polizei verständigen (Notruf: 112). Die **ADAC Pannenhilfe** erreichen Sie bei Fahrzeugpannen und -unfällen unter Tel. 089/20 20 4000 (dt. Festnetz 6 ct/Anruf; dt. Mobilfunk max. 42 ct/Min.), Mobil-Kurzwahl: 22 22 22 (Verbindungskosten je nach Netzbetreiber/Provider).

Barrierefreies Reisen

Die Nordsee ist gut auf Reisende mit eingeschränkter Mobilität eingestellt. Dabei hilft auch die überwiegend flache Topografie der Gegend. Auf den Deichen sind zumeist asphaltierte Wege vorhanden, die in vielen Fällen barrierefreien Zugang zu den Stränden und Deichen gewähren.

■ www.nordseetourismus.de/alle-barrierefrei

Darüber hinaus gibt es auch noch spezielle Angebote für Menschen im Rollstuhl wie den kostenlosen Verleih von Watt- oder Strandrollstühlen. In **Büsum** sind die meisten Ziele bequem zu Fuß erreichbar. Die Perlebucht ist barrierefrei, so dass der Deich, die Nordsee und das Wattenmeer uneingeschränkt zugänglich sind. Viele Fahrradverleiher in Büsum vermieten auch Rollstühle, Rollatoren und E-Scooter, es wird sogar ein »Rolli-Führerschein-Kurs« angeboten, auf **Föhr** gibt es Rolli-Kiten und in **Leck** einen Rolli-Hochseilgarten.

Feiertage

Das Leben an der Nordseeküste ist evangelisch geprägt. Gesetzliche Feiertage sind 1. Januar (Neujahr), Karfreitag, Ostermontag, 1. Mai (Tag der Arbeit), Christi Himmelfahrt, Pfingstmontag, 3. Oktober (Tag der Deutschen Einheit), Reformationstag, 25./26. Dezember (Weihnachten).

Geld und Urlaubskasse

Kosten im Urlaub
(durchschnittliches Preisniveau)

Tasse Kaffee	2,40–3 €
Pharisäer	5,50 €
Softdrink (0,3 Liter)	2,70–3,50 €
Glas Bier (0,4 Liter)	3,80–4,50 €
Glas Wein (0,2 Liter)	5,50–7 €
Krabbenbrötchen	6–8 €
Fischbrötchen	3–5 €
Mietwagen/Tag	40 €
E-Bike/Tag	20 €
Strandkorbmiete/Tag	7,50 €
Kurtaxe/Tag	bis zu 4 € (Sylt)

Banken sind in der Regel Mo–Fr 8.30–12.30 und 14–16 Uhr geöffnet. **Geldautomaten** findet man in den meisten größeren Orten, außer auf Hallig Hooge.

Gesundheit

Die medizinische Grundversorgung mit Allgemeinärzten ist in den größeren Städten in der Regel gewährleistet. Anders verhält es sich auf den Inseln und auf den bewohnten Halligen. Im Notfall werden Patienten per Schiff oder Hubschrauber zum Arzt transportiert. Kliniken für den stationären Aufenthalt gibt es auf den Inseln Föhr, Helgoland und Sylt.

Apotheken haben meist Mo–Sa 9–18 Uhr geöffnet. Die nächstgelegene offene Apotheke erfährt man unter dem bundesweiten Notdienst.

Ärztlicher Bereitschaftsdienst

■ Tel. 116 117 (deutschlandweit)

Notdienstapotheke

■ www.aksh-notdienst.de

Siehe auch **Notfall** (Seite 131)

Kuren: Die salzhaltige Nordseeluft gilt als hilfreich bei Lungen- und Hautproblemen, viele Orte bieten Thalassotherapie an, bei der Luft, Wasser und Schlickpackungen für Linderung der Probleme sorgen.

Die **Wasserqualität** der Nordsee bekommt nach Untersuchungen des ADAC in jedem Jahr Bestnoten, von daher gesehen ist das Baden in der Nordsee überall unbedenklich. Nicht unterschätzen sollte man die **Sonneneinstrahlung**. Sogar bei bedecktem Himmel können sich Besucher schnell einen Sonnenbrand zuziehen, deswegen gehören Sonnenschutzcreme und -kleidung auf jeden Fall zur Grundausstattung. Zudem empfiehlt es sich, ein **Mückenschutzmittel** mitzunehmen. Wer Wattwanderungen machen möchte und empfindliche Füße hat, sollte über spezielle **Neoprenschuhe** nachdenken.

Haustiere

Die Nordseeregion ist ein wichtiges Brutrevier für viele Vögel, dementsprechend gilt auch jenseits der Brutzeit stets strenge **Leinenpflicht für Hunde**. Das Aufscheuchen von Vogelansammlungen durch Hunde ist untersagt, die Tiere müssen stets einen

Mindestabstand von 300 m zu den Vogelgruppen haben, ebenso wie Hunde keine Schafe aufscheuchen dürfen. Aber in vielen Orten gibt es eigene Hundestrände und Freilaufflächen.

Information

Allgemeine Informationen erteilen die Fremdenverkehrsämter der jeweiligen Region. Die Kontaktdaten finden Sie in den jeweiligen Kapiteln bei den Ortsbeschreibungen. Darüber hinaus erteilen die folgenden Tourismus-Ämter gern Auskunft, helfen mit Adressen zur Reisevorbereitung weiter oder verschicken Prospekte:

Nordsee-Tourismus

■ Zingel 5, 25813 Husum, Tel. 048 41/ 897 50, www.nordseetourismus.de

Dithmarschen Tourismus

■ Markt 10, 25746 Heide, Tel. 0481/ 212 25 55, www.echt-dithmarschen.de

Nordfriesland Tourismus

■ Nordseestr. 14, 25899 Dagebüll, Tel. 046 67/98 10 36, www.nordfriesland tourismus.de

Sylt Tourismus

■ Strandstr. 35, Tel. 046 51/99 80, www.insel-sylt.de

In Österreich und der Schweiz

Deutsche Zentrale für Tourismus

■ Mariahilfer Str. 54, 1070 Wien, Tel. 01/15 13 27 92, www.deutschland-tourismus.de

■ Talstr. 62, 8001 Zürich, Tel. 044/213 22 00 92, www.deutschland-tourismus.de

Klima und beste Reisezeit

Schleswig-Holsteins Nordseeküste hat milde, nasse Winter und mäßig warme Sommer. Nur selten klettern die Temperaturen über 30 Grad, meistens bleibt es im Sommer bei einer Temperatur zwischen 20 und 25 Grad. Kältester Monat an der Nordsee ist der Februar. Ein Faktor, den man an der Nordsee bedenken sollte, ist der meist aus Westen wehende Wind.

Klimatabelle Büsum

Monat	Luft (°C) min/max	Sonne (h/Tag)	Regen-tage	Wasser °C
Jan.	0/3	1	19	4
Feb.	-1/-3	2	17	3
März	1/7	4	13	4
April	4/11	6	15	7
Mai	8/16	7	13	10
Juni	12/19	7	15	14
Juli	14/20	6	17	17
Aug.	13/20	6	17	18
Sept.	11/19	5	16	16
Okt.	7/13	3	18	13
Nov.	3/7	2	19	9
Dez.	1/4	1	20	6

Märkte

Folgende große Wochenmärkte finden an der Nordseeküste statt:

Heide

■ Sa 7–13 Uhr

Husum

■ Do 7–13, Sa 8–16 Uhr

Büsum

■ Fr 7–12, April–Okt. auch Di 7–12 Uhr

Medien

An der Nordseeküste gern gelesen wird die **Schleswig-Holsteinische Zeitung**, sie ist auch im Netz mit Neuigkeiten aus den Regionen zu finden.

■ www.shz.de

Schöne Tipps findet man auch hier

■ www.meerblog.de

Nachhaltig reisen

Das Wattenmeer ist ein UNESCO-Weltnaturerbe. Auch deshalb kommt dem sanften Tourismus und nachhaltigen Reisen in dieser Region eine wachsende Bedeutung zu. Besonders umweltfreundliche Betriebe tragen das Siegel **Nationalpark-Partner**.

■ www.nationalpark-partner-sh.de

Notfall

Notruf

■ Tel./Mobil: 112 (EU-weit: Polizei, Unfallrettung, Feuerwehr)

ADAC Info Service

■ Tel. 08 00/510 11 12 (Mo–Sa 8–20 Uhr)

DGzRS (Deutsche Gesellschaft zur Rettung Schiffbrüchiger)

■ Tel. 04 21/53 68 70, www.seenotretter.de

Wasserschutzpolizei List:

■ Tel. 046 51/87 04 60

ADAC Pannenhilfe in Deutschland

■ Tel. 01 80/20 20 4000 (24 Std.; dt. Festnetz 6 ct/Anruf; dt. Mobilfunk max. 42 ct/Min.), Mobil-Kurzwahl: 22 22 22 (Verbindungskosten je nach Netzbetreiber/Provider)

ADAC Ambulanzdienst München

■ Tel. +49/89/76 76 76 (24 Std.)

ÖAMTC Schutzbrief Nothilfe

■ Tel. +43/1/251 20 00, www.oeamtc.at

Einsatzzentrale TCS-ETI-Schutzbrief

■ Tel. +41/58/827 22 20, www.tcs.ch

Öffnungszeiten

In der Nordseeregion gelten dieselben Kernöffnungszeiten wie überall in Deutschland. **Supermärkte** & Co. haben in der Regel von 8 bis 18 Uhr geöffnet, oft auch bis 20 Uhr oder länger. **Shops** für Kleidung, Haushaltswaren etc. haben vor allem in Kleinstädten oder außerhalb der Saison noch mittags geschlossen – in der Regel zwischen 13 und 15 Uhr. Wer etwas vergessen hat und es erst am Sonntag merkt, macht es wie die Einheimischen und fährt nach Büsum. Dort haben viele Geschäfte und Supermärkte 7 Tage die Woche geöffnet. In vielen **Restaurants** ist es üblich, früh zu Abend zu essen – ab 20 Uhr beginnen gerade außerhalb der Saison viele Restaurants schon mit dem Aufräumen für den Feierabend. In den Hotspot-Orten der Inseln haben die Geschäfte sieben Tage die Woche in der Saison geöffnet, Restaurants abends sogar zwei Tischzeiten.

Auf den Nordseeinseln gilt die Bäderverordnung. **Geschäfte** dürfen an Werktagen 24 Std. und vom 17. Dez. bis 8. Jan. bzw. vom 15. März bis 31. Okt. an Sonn- und Feiertagen von 11–17 Uhr öffnen.

Post

Die Öffnungszeiten sind meist Mo–Fr 8–12 und 14–18, Sa 8–12 Uhr. In kleineren Orten gibt es Postagenturen.

Sicherheit

Die Nordseeküste und ihre Inseln gelten als sichere Reiseziele. Dennoch sollte man die allgemein üblichen Sicherheitsvorkehrungen beim Reisen beachten. Dazu gehört zum Beispiel, dass man keine Wertsachen im Auto offen liegen lässt. Auf gar keinen Fall sollte man auf eigene Faust das **Watt** erkunden – Wanderer können hier im Handumdrehen von der herannahenden Flut überrascht werden.

Tide Die Menschen an der Nordsee sind daran gewöhnt, auf Tabellen zu schauen, um zu prüfen, wann das Was-

Festivals und Events

Januar

Neujahrsschwimmen Bei Wind und Wetter geht es am ersten Tag des Jahres in vielen Orten in die Nordsee, wo aus der Tradition mittlerweile ein richtiges Event geworden ist (z. B. auf Sylt, in Büsum).

Februar

Biikebrennen Jährlich am 21. Februar findet ein Volksfest mit Feuerbrauch statt (vergleichbar den Osterfeuern andernorts).

Karneval in Marne Beim großen Rosenmontagsumzug rollen rund 60 Festwagen durch die Stadt (www.amt-marne-nordsee.de).

März

Krokusblütenfest Husum Ende März feiert die Stadt ihr Krokusblütenfest mit Königin, Kunsthandwerkermarkt, viel Kultur und vielen offenen Blütenkelchen (www.husum-tourismus.de).

April

Ringelganstage (www.ringelganstage.de).

Mai

Nordfriesische Lammtage (www.lammtage.de).

Juni

Matjeswochen Glückstadt Mitte Juni wird die Matjessaison feierlich eröffnet, mit einem umfassenden Kultur- und Sportprogramm: Plattschaufelregatta, Live-Musik und schwimmenden Bühnen (www.glueckstadt-tourismus.de).

Juli

Wattolümpiade Alle zwei Jahre (gerade Jahreszahlen) verwandeln die Brunsbüttler ihren Deich in eine Arena – für eine große Schlammschlacht des Sports (www.wattoluempia.de).

Schleswig-Holstein Musikfestival Seit seiner Gründung 1986 gehört dieses Musikfestival zu den herausragenden internationalen Kulturereignissen.

W.O.A. Wacken Eines der größten Heavy-Metal-Festivals der Welt findet jedes Jahr Anfang August in der kleinen Gemeinde Wacken statt (www.wacken.com).

August

German Polo Masters in Keitum auf Sylt (www.polosylt.de)

Sylter Meerkabarett (www.meerkabarett.de)

September

Dithmarscher Kohltage (www.dithmarscher-kohltage.de)

Drachenfestival SPO (www.drachenfestival-on-tour.de)

Windsurf Worldcup Sylt (www.worldcupsylt.de)

Oktober

Husumer Krabbentage (www.krabbentage-husum.de)

Dezember

Grachten-Weihnacht Friedrichstadt am 1. Adventswochenende (www.friedrichstadt.de)

Längster Weihnachtskalender der Welt in Tönning

ser zum Schwimmen im Meer wieder da ist. Das sollten Besucher ganz schnell übernehmen, um keine Enttäuschung beim geplanten Badeausflug zu erleben. Die Tabellen finden sich beim Bundesamt für Seeschifffahrt oder in den örtlichen Tageszeitungen. Der Tidenhub beträgt bis zu 3 m, Ebbe und Flut wechseln alle 6 Std. Als Abkürzung gilt: HW (Hochwasser) und NW (Niedrigwasser). Dazu gibt es auch eine eigene App.

■ www.bsh.de

Sport

Angeln

Voraussetzung ist ein gültiger Jahresfischereischein und ein Gastangelschein. Urlauber können beim Ordnungsamt einen **»Urlauberfischereischein«** erwerben sowie bei den **Tourismusvereinen** der Gemeinden. Im Meer angeln Petrijünger von einem ruhigen Fleckchen an den Küsten aus vor allem Plattfische, Hornhechte und Makrelen. Mit einer Angelerlaubnis darf auch in den Binnengewässern gefischt werden, dort findet man z. B. Aale, Barsche, Hechte, Karpfen, Schleien, Weißfische.

Fahrrad

Die Nordseeküste ist ein Paradies für Radfahrer, denn die Strecken sind eben und bieten einen weiten Blick. Die einzige Herausforderung ist der oftmals starke Wind – vor allem, wenn er aus der Gegenrichtung kommt. Wem das zu heftig ist, der hat die Möglichkeit, aufs E-Bike umzusteigen. Die Nordseeküste ist auch auf diese Form der Mobilität mit vielen Ladestationen gut eingestellt. Außerdem gibt es viele Hotels, die sich mit ihren Angeboten auf Radfahrer spezialisiert haben. Entlang der großen Radwege wie dem **Elberadweg** oder dem **Nord-Ostsee-Kanal-Radweg** gibt es nicht nur viele Ladestationen für E-Bikes, sondern auch viele Radreparaturstellen und -shops. Verlockend ist auch der insgesamt 5942 km lange **Nordseeküstenradweg,** ein durch sechs Staaten führender Radfernweg, dessen 907 km langer deutscher Teil auch als D-Route 1 ausgeschildert ist und vor allem durch Marschgebiete am Wattenmeer der Nordsee führt.

■ www.elberadweg.de

■ www.nordsee-radweg.com

■ www.eurovelo.com/de

Kitesurfen

Ein faszinierendes Erlebnis, wenn die Brandung alles verlangt und der Wind so richtig im Schirm ist. Angebote gibt es in den vielen Strandorten, Unterricht erteilen die meisten Surfschulen.

Reiten

Allein oder in der Gruppe durch die unendlich erscheinende Weite des Wattenmeeres oder die auslaufende Brandung zu reiten – das ist der Traum vieler Reitsportfreunde. An zahlreichen Küstenabschnitten der Nordsee ist dies möglich. Büsum, Pellworm, St. Peter-Ording und Sylt sind nur einige Beispiele. Informationen bei den jeweiligen Touristeninformationen.

Schwimmen

Baden und Schwimmen in der Nordsee hat seinen ganz eigenen Reiz, vor allem, wenn die Brandung schäumt und das Meer die Schwimmer auf den Wellen regelrecht zum Tanzen bringt. Dabei kann es zu Unterströmungen kommen, die selbst für sehr gute

Schwimmer gefährlich sind. Wer baden möchte, sollte deswegen immer auf die **Strandflaggen** achten. Die **rote Fahne** steht für höchste Gefahr und Badeverbot. Die **gelbe Flagge** bedeutet, dass nur geübte Schwimmer ins Meer eintauchen sollten, Kinder eher nicht. Bis auf einige wenige Stellen wie etwa St. Peter-Ording, Föhr, Amrum und Sylt ist die Nordseeküste vor allem geprägt von sogenannten **Grünbadestränden**, an denen die Wiese direkt ins Watt übergeht. Wenn das Wetter einmal nicht mitspielt: In den großen Städten und Gemeinden gibt es auch attraktive Hallenbäder.

Wandern

Die Nordseeküste ist ein ideales Wanderrevier – ob am Deich, am Strand oder in einem der Naturparks. Ein besonderes Erlebnis für die ganze Familie ist das **Wattwandern**, etwa von Föhr nach Amrum. Dabei achtet man immer auf die Gezeitentabelle und vertraut sich am besten einem ortskundigen Führer an.

Telefon und Internet

Vorwahl Husum: 048 41
Vorwahl St. Peter-Ording: 048 63
Vorwahl Büsum: 048 34
Vorwahl Helgoland: 047 25
Vorwahl Sylt: 046 51
Vorwahl Österreich: +43
Vorwahl Schweiz: +41

Das Netz ist gut ausgebaut und gehört für Hotels, Pensionen und Privatvermieter mittlerweile fast zum Standard. Auch **Hot Spots** sind in der Region vorhanden, insbesondere in den touristisch erschlossenen Gebieten. Einige Orte wie Büsum bieten **WLAN** sogar am Strand.

Trinkgeld

Wer mit der gebotenen Leistung zufrieden war, kann in Restaurants und bei Taxifahrten 10 % Trinkgeld geben. In Hotels und bei Führungen sind 1 € pro Person und Tag angemessen.

Umgangsformen

Die Menschen im Norden sind etwas wortkarg, was aber nichts darüber aussagt, ob sie einen mögen oder nicht. Wenn Sie den oftmals rauen Gesprächseinstieg gelassen nehmen, mit den Küstenmenschen ins Gespräch kommen und nach weiteren Tipps fragen, erleben Sie ein aufgeschlossenes Völkchen und bekommen gute Ratschläge. Ins Fettnäpfchen treten kann man als Feriengast schon eher bei der Kleidungsfrage: Nicht jedes Restaurant duldet es, dass die Gäste barfuß oder in Strandkleidung essen. Legere Kleidung hingegen ist in den meisten Restaurants kein Problem. Auch FKK-Anhänger finden sicher den passenden Strand.

Unterkunft und Hotels

Camping

Wildes Campen ist an der Nordsee verboten. Es gibt aber genügend ausgewiesene Stellplätze. Zu den wohl am schönsten gelegenen Campingplätzen zählen die auf den Inseln, allen voran der auf Amrum – viel Platz und Ruhe sind in den Dünen garantiert. Beschreibungen geprüfter Campingplätze bietet der jährlich aktualisierte **ADAC Campingführer** sowie der **ADAC Stellplatzführer**. Die Inhalte stehen auch auch als App zur Verfügung.

■ www.pincamp.de

Ferienwohnung

An der Nordseeküste gibt es ein sehr großes Angebot an Ferienwohnungen – das Spektrum reicht von der Holzhütte bis zum Luxusappartement. Teilweise werden auch ungewöhnliche Schlafplätze angeboten wie etwa in einem umgebauten Bauwagen oder einer restaurierten Windmühle.
Fündig werden interessierte Reisende vor allem auf den Seiten der örtlichen Fremdenverkehrsämter und über die gängigen Internetplattformen.

- www.airbnb.de
- www.wimdu.de
- www.booking.com

Hotels

Den größten Komfort an der Küste bieten die Hotels. Es gibt Häuser für jeden Geldbeutel, einen guten Überblick bieten die Gastgeberverzeichnisse der Tourismusämter. Die Adressen der Tourist-Informationen finden Sie in den jeweiligen Kapiteln dieses ADAC Reiseführers.

Urlaub auf dem Bauernhof

Natur pur und viel Spaß für Familien mit Kindern bieten zahlreiche Bauernhöfe im Norden Schleswig-Holsteins. Wer mal etwas Neues ausprobieren möchte, kann in einigen Unterkünften auch im Heu schlafen. Nähere Informationen erteilen die Tourismus-Informationen der jeweiligen Orte.

Verkehrsmittel in der Region

Bus und Bahn

Nicht alle Orte sind an das Bahnnetz angeschlossen, dann kann man auf den Bus umsteigen. Wer seine Routen planen möchte, findet hier gute Tipps:

- www.scout-sh.de

Fähren

Die Halligen und Inseln der Nordseeküste werden von vielen Fähren angelaufen. Mehr dazu siehe unter dem Stichwort Anreise.

Fahrrad

Das Fahrrad ist ein guter Begleiter, wenn man vor Ort mobil sein will. Fast in jedem Ferienort gibt es Leihmöglichkeiten, auch für E-Bikes.

Mietwagen

Für seine Mitglieder bietet die **ADAC Autovermietung** günstige Konditionen an. Buchen kann man im Internet (adac.de/autovermietung), in allen ADAC Geschäftsstellen oder unter Tel. 089/76 76 20 99.
Autovermietung vor Ort:

Wucherpfennig & Krohn (Avis)

- Överwisch 5, 25746 Heide, Tel. 04 81/ 744 66, www.wucherpfennig.de

Europcar

- Süderdamm 8, 25746 Heide, Tel. 0481/ 78 70 13 26, www.europcar.de

Zollbestimmungen

Reisende aus **EU-Ländern** dürfen Waren abgabenfrei mit nach Hause nehmen. Bürger aus der **Schweiz** dürfen Waren im Wert von 300 CHF für den privaten Gebrauch mit zurück in die Heimat bringen. Es gelten Grenzmengen, die berücksichtigt werden müssen. Helgoland ist eine zoll- und umsatzsteuerfreie Insel, was vor allem in den Sommermonaten viele Tagesausflügler zum Duty-free-Shopping lockt. Der Preisvorteil wird jedoch durch die nur auf Helgoland erhobene Gemeindeeinfuhrsteuer etwas gemindert.

- www.bmf.at/zoll
- www.zoll.ch

Die Geschichte der Region

5500–2500 v. Chr. Rund um die Region Albersdorf siedeln Menschen und hinterlassen Hünengräber.

50 n. Chr. Die ersten Warften werden errichtet. Damals hießen sie »Wurten«, was sich bis heute in einigen Ortsnamen wiederfindet.

12. Jh. Mitglieder der Genossenschaften (Geschlechter genannt) legen die ersten Deiche an und entwässern die feuchten Wiesen.

1227 Dithmarschen fällt an das Erzbistum Bremen.

1250 Bau des Meldorfer Doms

1252 Husum wird erstmals urkundlich erwähnt.

15. Januar 1362 Eine Sturmflut – die Zweite Marcellusflut oder auch »Grote Mandränke« – wütet. Sie soll die als Utlande bekannten vorgelagerten Inseln, zu denen auch Rungholt gehörte, überspült und zerrissen haben.

1447 Das Landrecht wird aufgezeichnet. Als Selbstverwaltungsorgan der Bauernrepublik bleibt es bis ins 19. Jh. hinein bestehen und macht Dithmarschen zur einzigen derartigen Republik im deutschsprachigen Raum.

1500 Schlacht bei Hemmingstedt, bei der die Dithmarscher Bauern die zahlenmäßig überlegenen Dänen besiegen.

1585 Büsum wird durch Eindeichungen und Landgewinnung zu einem Teil des Festlandes.

1617 Der dänische König gründet eine Stadt als Gegenpol zur Handelsmetropole Hamburg: Glückstadt.

1621 Die Planstadt Friedrichstadt entsteht als Holländersiedlung.

1887 Zwischen Kiel und Brunsbüttel wird der Nord-Ostsee-Kanal gebaut – heute die meistbefahrene künstliche Wasserstraße für Seeschiffe der Welt. Knapp 9000 Arbeiter bewegen dabei rund 80 Mio. m^3 Erdreich.

1813 In Wesselburen wird der Dramatiker Friedrich Hebbel geboren.

1817 Der Dichter Theodor Storm erblickt in Husum das Licht der Welt.

1819 In Heide kommt der Dichter Klaus Groth zur Welt.

1867 Der Maler Emil Nolde wird in Buhrkall geboren.

1889 Der Gärtner Eduard Lass startet erste Versuche, welches Gemüse in der Region am besten gedeihen könnte. Ergebnis: der Kohl.

1943 Die Modedesignerin Jil Sander wird in Wesselburen geboren.

1945 Ein Großangriff der englischen Luftwaffe macht Helgoland unbewohnbar.

1973 Das Eidersperrwerk wird gebaut.

1990 In Wacken findet erstmalig ein Heavy-Metal-Festival statt, mit knapp 800 Besuchern.

2009 Das Wattenmeer wird UNESCO-Weltnaturerbe.

2015 Eine Sturmflut bricht große Teile der Sylter Odde ab. Der Hafen Friedrichskoog wird unter großem Protest der Bürger wegen zu hoher Kosten geschlossen, die Krabbenfischer müssen nun Büsum ansteuern.

2016 30 tote Pottwale werden an der Nordseeküste angespült. Man vermutet, dass sie im Sturm ihrer Beute gefolgt sind und sich verirrt haben.

2017 In Husum und anderswo an der Nordseeküste feiert man den 200. Geburtstag von Theodor Storm.

2019 Die Ernennung des Wattenmeers zum UNESCO-Weltnaturerbe jährt sich zum zehnten Mal.

büsum
Nordsee-Heilbad

Familienlagune

Perlebucht

Größter Badespaß auf der kleinsten Insel

www.buesum.de

Alle Blickpunkt-Themen in diesem Band:

Register

Bildnachweis

Titel: Leuchtturm am Weststrand auf Sylt
Foto: Getty Images: Moment RF/Achim Thomae

AWL Images: S. Lubenow 14/15, 87, 109 – **Bootsmann Lodge (A. Hauck):** 41 – **dpa:** M. Scholz 24 R. Grahn/euroluftbild.de 34 – **Fotolia:** purplequeue 26; pkazmierczak 106 – **Getty Images:** imageBROKER 22/23, J. Horey/EyeEm 101/101 – **Huber Images:**: R. Mirau 105, G. Gräfenhain 111 – **Jahreszeiten Verlag:** I. Pacini 2.1, 13.1, 43.1, 47, 50/51, 84; W. Schmitz 2.2, 4/5, 5.1, 6.2, 10.2, 12.3, 83.1, 85, 99.1, 99.3, 110, 113, 114, 115; L. Spörl 83.4, 89 – **laif:** T. Barth 11.3; M. Vogel 12.2; A. Teichmann 13.3; R. Brunner 17.1, 44, 118; M. Kirchner 61; M. Dreysse 95 – **Lookphotos:** U. Böttcher 28; H. & D. Zielske 69; A. Haug 71; K. Johaentges 71; S. Lubenow 74, 91, 119, 121 – **mauritius images:** R. Erl 30; U. Steffens 26; agefotostock/Hubertus Blume 81; O. Hoffmann/Alamy 36 – **Nationalpark-Zentrum Multimar Watt-forum:** J.-M. Schlorke 43.2 – **Nightflyer/CC0 39; Ottmar Heinze:** 18, 21, 92 – **picture alliance:** Fotostand 26; dpa 62, 94 – **seasons.agency 58**; P.-P. Rupprecht/Jalag 115 – **Shutterstock.com:** IURII BURIAK 7; canadastock 64/65; Michael Thaler: 99.2; Laurin 144 – **Steinzeitpark Dithmarschen:** 30

Herausgeber: GRÄFE UND UNZER VERLAG GmbH, Postfach 86 03 66, 81630 München
Leitender Redakteur: Benjamin Happel
Autoren: Andrea Lammert, Randolf Leyk
Verlagsredaktion: Gernot Schnedlitz, Silke Tauscher, Nadia Terbrack
Redaktion: Rosemarie Elsner
Satz: Nadine Thiel, M. Feuerstein
Bildredaktion: Nora Goth
Schlusskorrektur: Heidemarie Herzog
Reihengestaltung: Independent Medien Design, Horst Moser, München; Eva Stadler, München
Kartografie: Huber Kartographie GmbH, www.kartographie.de;
Kunth Verlag GmbH & Co. KG, München
Herstellung: Mendy Willerich
Druck + Bindung: Drukarnia Dimograf Sp z o.o. (Polen)

Ansprechpartner für den Anzeigenverkauf:
KV Kommunalverlag GmbH & Co. KG, MediaCenter München, Tel. 089/928 09 60

Bei Interesse an maßgeschneiderten B2B-Produkten:
roswitha.riedel@graefe-und-unzer.de

GRÄFE UND UNZER

Ein Unternehmen der
GANSKE VERLAGSGRUPPE

ISBN 978-3-95689-715-3
1. Auflage 2020

© 2020 GRÄFE UND UNZER VERLAG GmbH, München
ADAC Reiseführer Markenlizenz der ADAC Medien und Reise GmbH, München

LESERSERVICE
adac@graefe-und-unzer.de
Tel. 00800/72 37 33 33 (gebührenfrei in D, A, CH)
Mo–Do: 9–17 Uhr, Fr: 9–16 Uhr

Das Werk einschließlich aller seiner Teile ist urheberrechtlich geschützt. Jede Verwendung ohne Zustimmung von Gräfe und Unzer ist unzulässig und strafbar. Das gilt insbesondere für Vervielfältigungen, Übersetzungen, Mikroverfilmungen und die Verarbeitung in elektronischen Systemen.
Die Daten und Fakten für dieses Werk wurden mit äußerster Sorgfalt recherchiert und geprüft. Wir weisen jedoch darauf hin, dass diese Angaben häufig Veränderungen unterworfen sind und inhaltliche Fehler oder Auslassungen nicht völlig auszuschließen sind. Für eventuelle Fehler oder Auslassungen können Gräfe und Unzer, die ADAC Medien und Reise GmbH sowie deren Mitarbeiter und die Autoren keinerlei Verpflichtung und Haftung übernehmen.

Aus Gründen der besseren Lesbarkeit wird in diesem Buch bei Personenbezeichnungen das generische Maskulinum verwendet. Es gilt gleichermaßen für alle Geschlechter.

Mit Sicherheit mehr erleben.

Der ADAC Reiseführer plus – immer alles dabei für eine unvergessliche Zeit.

- **ADAC Tipps und Empfehlungen:** für ein ungetrübtes Reisevergnügen
- **Umfangreicher Magazinteil:** spannende Themenseiten zu Land und Leuten
- **Unvergessliche ADAC Traumstraßen:** hier ist der Weg das Ziel

Überall, wo es Bücher gibt, und beim ADAC.
adac.de/shop

Mit Maxi-Faltkarte und praktischer Spiralbindung

ADAC

Unterwegs im Norden

Abenteuer Draisine

Deutschlands nördlichste Draisinenstrecke startet in Leck. Es geht rund 20 km ostwärts durch eine wunderschöne Landschaft immer näher an die dänische Grenze. In Unaften fährt man dann wieder zurück.

■ Siehe S. 93, www.draisine-nordfriesland.de

Mit dem E-Bike

Im Norden kann man sich ausgezeichnet mit dem E-Bike bewegen. Zum einen halten sich schwierige Steigungen in Grenzen, zum anderen gibt es ein sehr gut ausgebautes Netz an Ladestationen. Außerdem findet man unterwegs an vielen Stellen Fahrradschlauchautomaten. Viele Verleihstationen haben auch E-Bikes im Angebot.

■ Details unter www.ee4mobile.de

Sylt per Segway

Surrend geht es mit dem Segway geführt durch Kampen, Keitum oder nach List. Wer schon einige Erfahrung im Umgang mit dem Segway hat, kann sich das Elektrofahrzeug auch ausleihen und Sylt auf eigene Faust »erobern«. Außerdem kann man auch einen Buggy ausleihen.

■ Details unter www.sylt-segway.de

Strandsegeln in St. Peter-Ording

Ein Strandspaziergang muss nicht unbedingt zu Fuß erfolgen. In St. Peter-Ording bietet sich auch ein Strandsegler an. Auf die theoretische Einführung folgt die Praxis mit dem dreirädrigen Gefährt und dem Segel im Wind durch den Sand.

■ Siehe S. 53, www.nordwind-wassersport.de